簡単なのに、
効力抜群！

自分で書く「シンプル遺言」

The New Fifties
講談社

はじめに

自分で書く「シンプル遺言」

遺言についての記事をたくさん見かけます。その多くに、大切な視点が欠けているように思います。それは、「自分で書ける」ことです。

記事には、複雑な仕組みが書かれています。しかし、それを読んで使いこなせる人はほとんどいません。弁護士や公証人は何年も勉強して司法試験を受けます。仕事に就いた後も、民法の文献や判例を何千ページも読むのが普通です。

記事をいくつか読んでも、複雑な遺言に必要な民法の知識を得ることはできません。では、もっと勉強すべきなのでしょうか。

そうではありません。自分で書く遺言は、複雑な知識を必要としないものにすべきなのです。

この本は「自分で書く」遺言の本です。自分で書くためには自分で書ける遺言にする必要があります。

それは「シンプルな遺言」です。

この本では、自分で書けるシンプルな遺言を「シンプル遺言」と呼びます。シンプル遺言に必要な知識を整理して、一冊読めば、十分な遺言が書けるようにしました。

シンプルな遺言が書けるようにしましたが、レベルは落としていません。

専門家の作る複雑な遺言が必要な場合もありますが、シンプルな遺言とは必要としている人が違うのです。複雑な遺言が必要な場合は、弁護士や公証人や信託銀行に依頼すればよいのです。そうすれば、難しい知識は必要ありません。しかし、多くの人にとってはシンプル遺言で十分なのです。

シンプル遺言は家庭料理のようなものです。簡単に作れます。ですが、きちんと作れば、おいしくできて、栄養も十分なのです。家庭料理を作るときに、8時間下ごしらえをするとか、17種類のスパイスを調合するとかの必要はないのです。料理で一番大切なのは、食べられることです。遺言も同じです。遺言があることが大事なのです。

遺言は失敗できません。あなたが亡くなった後に作り直すことができないからです。ぎりぎりのものを追求するよりも、失敗しないように手堅く作ることが大切です。

もうひとつ大切なことがあります。この本を手に取ったあなたは初めて遺言を作るのではないかと思います。初めての人が、複雑な遺言を自分で作ろうとするのは、失敗する危険が大きいのです。初めて作るものだからこそ、シンプルなものを確実に作るべきともいえるのです。

CONTENTS

CONTENTS

本文レイアウト／島村千代子
装幀／大野リサ
カバーイラスト／加納徳博
編集協力／株式会社スリーシーズン（伊藤佐知子）

第1章

自分で書く
シンプル遺言

0回目の遺言
～書かないとどうなる？

「法定相続」が遺言代わりになる

なぜ遺言が必要なのでしょうか。

遺言がない場合にどうなるかを考えます。

遺言がない場合にも、相続が起きます。

あなたが遺言を作らないで亡くなると、あなたの財産は、民法にしたがって分けられます。

これは「法定相続」といいます。

法定相続では、民法が遺言と同じ役割を果たすのです。

民法の法定相続は、いわば「0回目の遺言」です。あなたが遺言を書かないまま亡くなるということは、「民法に書かれている法定相続どおりに財産を分けてほしい」という遺言があるのと同じことになるのです。

では、民法（0回目の遺言）にはどのように書かれているのでしょうか。その内容を知ると、あなたが遺言を書くべきかどうかがわかります。

民法で決められているのは法定相続人と法定相続分

民法の法定相続は、誰が相続するか（「法定相続人」といいます）と、その人たちが相続をする割合（「法定相続分」といいます）を決めています。

法定相続人と法定相続分の主なパターンは4つです。

【パターン①】

妻（夫）と子どもがいる場合です。

この場合、財産の分け方は、妻（夫）が2分の1、子どもは全員で2分の1です。子どもが2人の場合は2分の1を2人で分けるので、子ども1人は4分の1になります。

このパターンは、1980年の民法改正の前は、妻（夫）が3分の1、子どもが3分の2でした。妻（夫）の割合が引き上げられたのです。

【パターン①】妻（夫）と子どもがいる場合

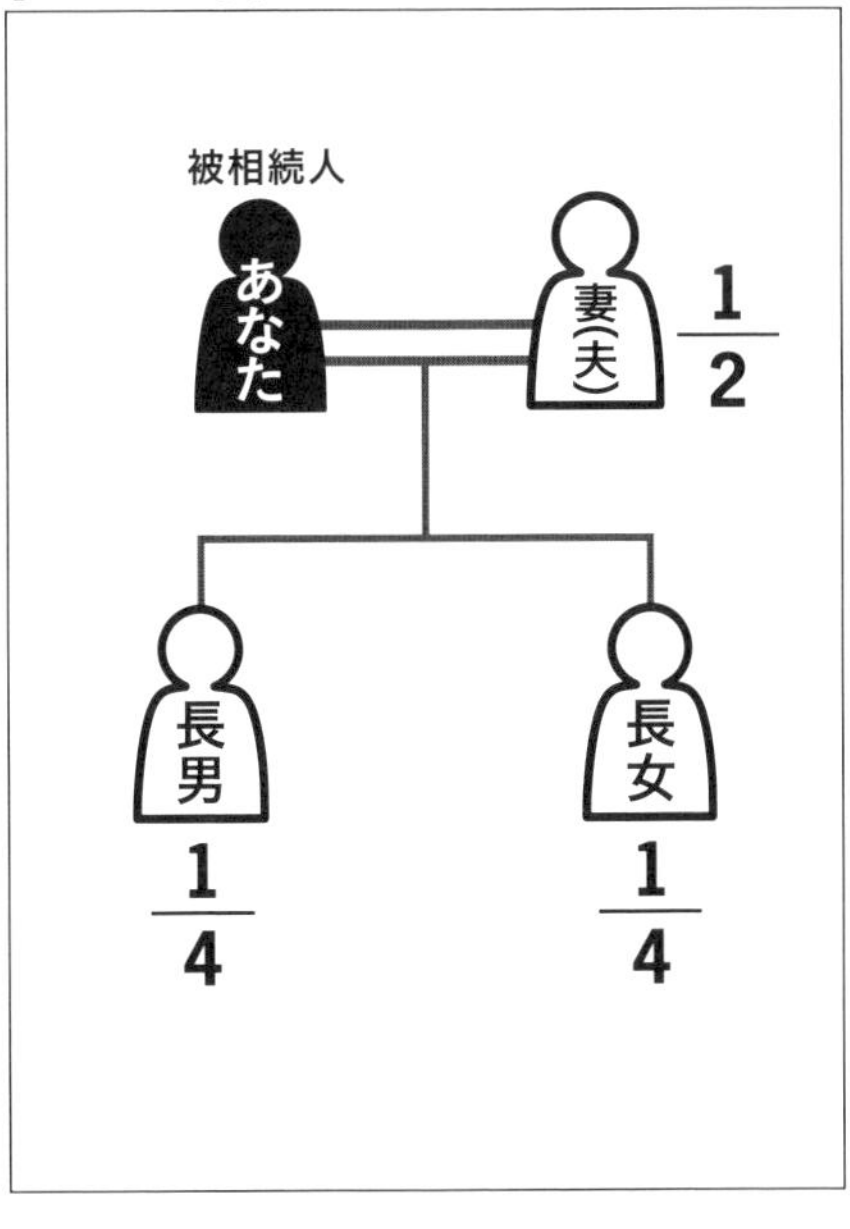

【パターン②】

妻（夫）と離婚しているか、妻（夫）が亡くなっているか、あるいは未婚のシングルマザーで、子どもだけがいる場合です。

この場合は比較的簡単です。全部が子どもに相続されます。子どもが2人であれば、あなたの財産が2人の子に2分の1ずつ相続されます。

【パターン②】妻（夫）がいなくて、子どもだけがいる場合

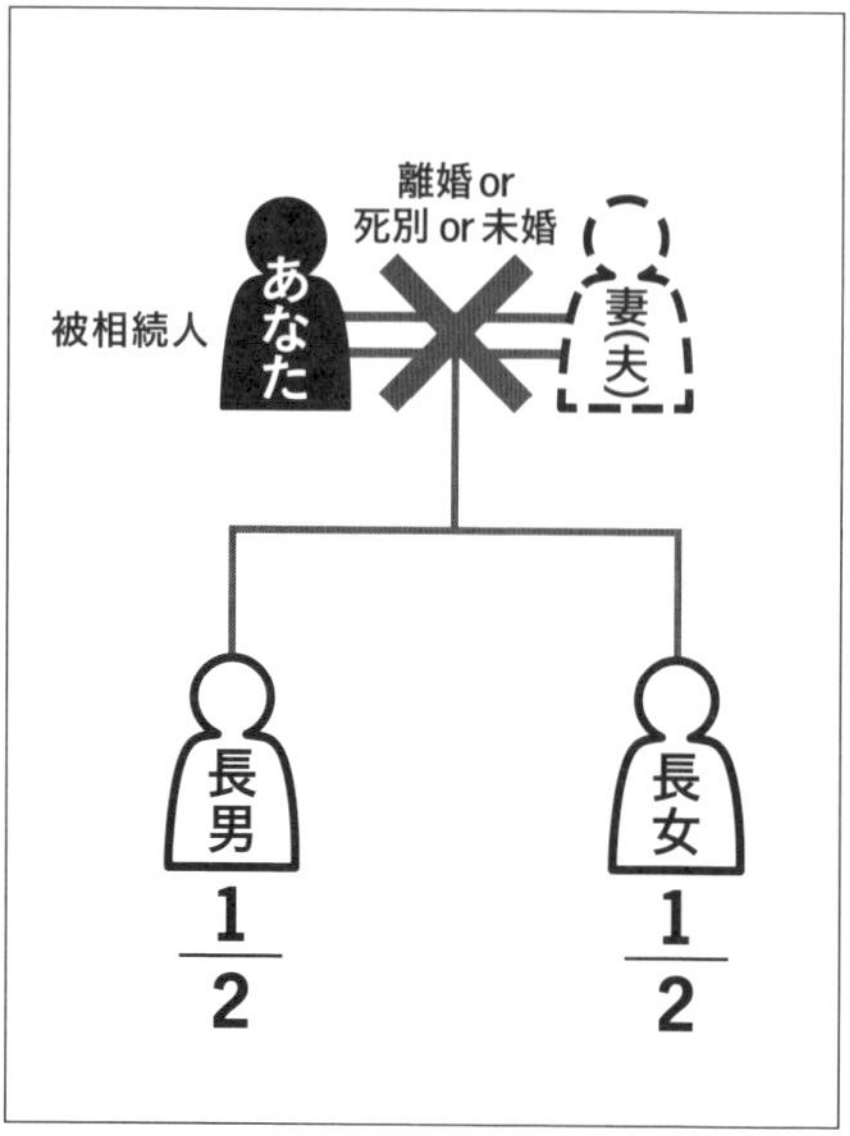

【パターン③】

妻（夫）がいて、子どもがいない場合です。

子どもがいない夫婦の場合、民法は、妻（夫）に全部とはしていません。

あなたが亡くなるときに、あなたの親が片方でも存命であれば、妻（夫）が3分の2、親が3分の1になります。（パターン③—A参照）

あなたが亡くなるときにあなたの親が両方とも亡くなっていて、あなたに兄弟姉妹がいれば、妻（夫）が4分の3、兄弟姉妹が4分の1です。（パターン③—B参照）

【パターン③—A】 妻（夫）がいて子どもがなく親がいる場合

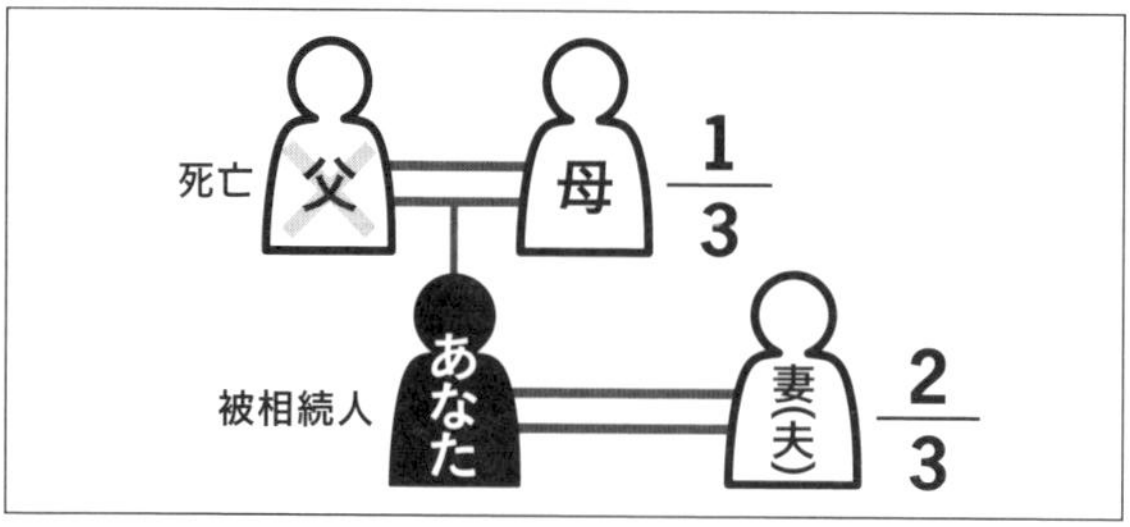

【パターン③—B】 妻（夫）がいて子どもも親もいない場合

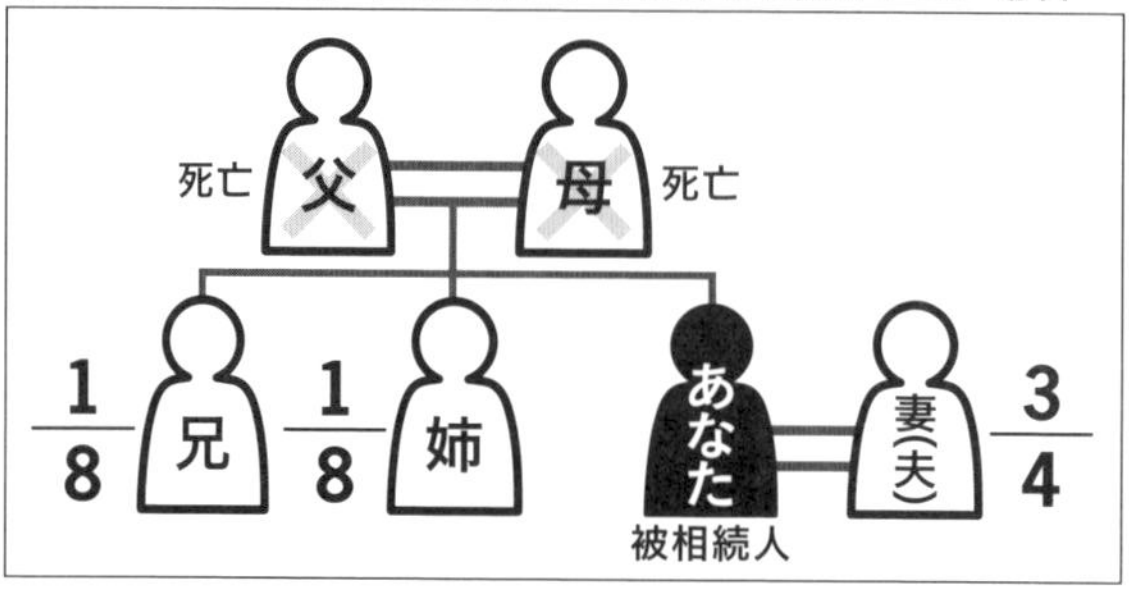

【パターン④】

未婚であるか、妻（夫）と離婚しているか、妻（夫）が亡くなっていて、子どもがいない場合です。

あなたが亡くなるときにあなたの親が片方でも存命であれば、親が全部を相続します。**（パターン④—A参照）**

あなたが亡くなるときにあなたの両親がともに亡くなっていて、兄弟姉妹がいれば、兄弟姉妹が全部を相続するのです。**（パターン④—B参照）**

この仕組みも簡単ではありません。司法試験の短答式ではこの割合についての問題が出るくらいです。ですから、だいたいのイメージがつかめれば十分です。

大切なことは2つです。

ひとつは、「割合」で決められていること。

もうひとつは、妻（夫）と子ども以外の親と兄弟姉妹が相続人になる場合がある、ということです。

これが「法定相続」（0回目の遺言）です。法定相続には大きな欠点があります。

だから、遺言を書いたほうがよいのです。次に説明します。

【パターン④－A】 配偶者も子どももいなくて親がいる場合

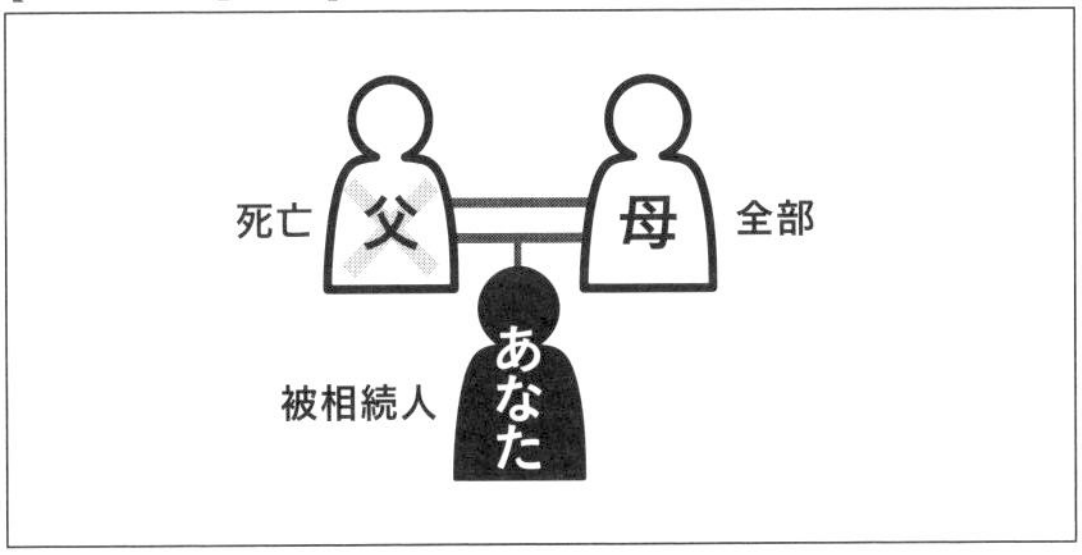

【パターン④－B】 配偶者も子どももいなくて親もいない場合

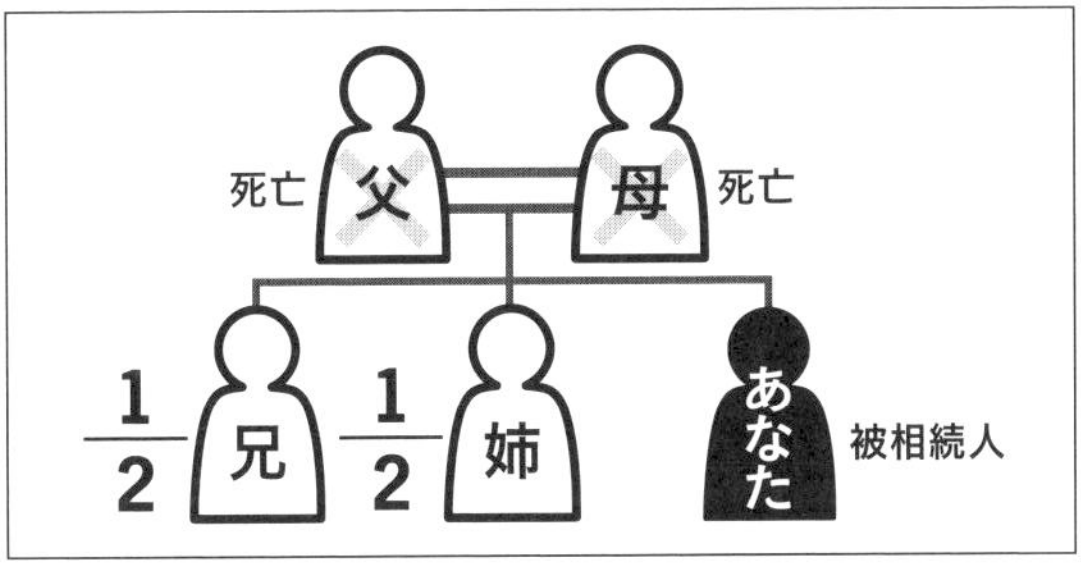

自分のことは自分で決める

割合で分けるのが難しい理由

法定相続（0回目の遺言）の欠点は何でしょうか。割合で決めていることです。

具体的に何をどう分けるかは、決まっていないのです。みんなで話し合って決めることになっています。これが最大の特徴です。

家族の中での話し合いは大変なのです。

あなたはいろいろな財産を持った状態で亡くなります。自宅があります。それから、相続した実家があります。銀行に普通預金と定期預金があります。証券会社に株式を持っています。

これを話し合って、割合で分けるのです。

妻と息子、娘がいるとします。法定相続分は、妻が2分の1、息子と娘は4分の1ずつでした。

その割合になるように妻と息子、娘が話し合って財産を分けるのです。これを「遺産分割」といいます。これが大変なのです。

あなたは、デパートでカステラ1本と羊羹《ようかん》1本を買ったとします。さらに、駅前のケーキ屋さんでショートケーキとチーズケーキとシュークリー

ムを買いました。それを全部おみやげとして自宅に持ち帰ります。そして、妻と息子、娘にそれを渡して、

「2分の1、4分の1、4分の1で分けなさい」

というのです。これが割合による遺産分割です。

妻は「カステラがいい」といいます。息子も「カステラがいい」といいます。娘はチーズケーキひとつでよいといいますが、内心では不公平だと感じています。

そうしているうちに、妻は息子に対して、

「あなたは前回、カステラを食べたでしょう」

といいます。

息子の子ども（あなたの孫）が出てきて、娘が欲しがっているチーズケーキを食べたいといったりします。

具体的に決めておくことで家族のもめ事を回避する

カステラ、羊羹、ショートケーキ、チーズケーキとシュークリームだけでも、割合で分けるのはとても難しいのです。どのように分けても誰かが不公平だと感じます。

割合で分けるのは避けるべきなのです。

そのために遺言を作ります。

あなた自身が、家族に対して、「カステラを妻に、羊羹を息子に、ショートケーキとチーズケーキとシュークリームを娘に」と決めてあげるべきなのです。これが遺言です。

あなたのおみやげなのですから、あなたが家族のことを考えて決めればよいのです。場合によっては全部を妻にということもあるでしょう。

遺言を書いておけば、遺産分割をしなくてもよいのです。これが遺言を書くべき最大の理由です。

遺言をいつ書くか

遺言はいつまでも書けるとは限らない

「遺言をいつ書けばよいでしょうか」

　こう質問するのは、遺言を書くのに抵抗がある人です。多くの人は遺言を書くことに心理的な抵抗感があります。

　しかし、あなたが、もしきょう亡くなったら法定相続になります。あなたは、既に、「0回目の遺言」を書いているのと同じ状態なのです。

　あなたがこれから遺言を書けば、それが「1回目の遺言」です。

　問題は「0回目の遺言」と「1回目の遺言」のどちらがよいかなのです。

　遺言は認知症になると作れなくなります。

　認知症と診断された後に作った遺言は無効になる場合が多いのです。

　認知症というのは、ある日突然なるものではなく、だんだんとなっていくものです。

　あなたに介護が必要になって、娘が世話をしてくれたとします。あなたは娘に多く財産を残したいと思い、亡くなる直前に財産を多めに娘に残す遺言を書きます。息子はどう思うでしょうか。

「娘に遺言を書かされた」と疑うことがあるのです。遺言は、高齢になるとだんだん書くのが難しくなっていきます。

判断力がしっかりしている元気なうちに書くべきです。

財産の多い少ないはあまり関係ありません。

財産が多くても少なくても、遺産分割は大変だからです。10個のケーキを家族3人で分けるときも、2個のケーキを家族3人で分けるときも、争いにそれほどの差はありません。

法定相続と自分の考えが違っていることもある

では、何歳から書けばよいでしょう。年齢の問題ではないのです。

原則に戻って考えます。遺言を書いたほうがよいのは、「0回目の遺言」が最適ではない場合でした。「0回目の遺言」、つまり法定相続が最適でなければ、遺言を作るべきなのです。

財産がまったくない25歳の独身男性が交通事故で亡くなるとします。両親がいる場合、両親が賠償金を受け取ります。これは相続のひとつです。この場面では、多くの場合は遺言は必要ないと思います。両親2人で賠償金を受け取ればよいからです。

しかし、両親は彼が15歳のときに離婚していて、彼は母親に育てられたとします。

この場合は、彼の母親は、離婚した元の夫（彼の父親）と一緒に賠償金を受け取るのは避けたいと思うかもしれません。そもそも、彼としても何かあったときは母親に全部の財産を残したいと思っているとしたら、このような場合、遺言があったらよかったのにと思うのです。

交通事故に遭う可能性は高くありませんが、考え方としてはこのようになるのです。

シンプルな遺言を作る

複雑な遺言は専門家に任せるべき

複雑な遺言がよいと思っている人がいます。間違いです。

あなたが法律の専門家でなければ、シンプルな遺言がよいと思います。

これは、とても大切なところです。

複雑な遺言は、自分で作るとなると間違いが多くなります。複雑になればなるほど、法律の詳しい知識が必要になります。

遺言書は、契約書と同じ法律文書です。何ページもあるような複雑な契約書を自分で作れるのは法律の専門家だけです。

インターネットで見た見本のとおりに複雑な遺言書を書く人がいます。これはおすすめできません。インターネットに出ていた文言が法律的には正しいとしても、あなたのケースに当てはまるかどうかは、わからないからです。

インターネットに手術の方法が書いてあっても自分で自分の手術をする人はいません。遺言も同じだと思います。

それに、多くの場合、シンプルな遺言で十分であり、そのほうがむしろよいのです。

状況によっては複雑な遺言が必要な場合もあります。その場合は弁護士や公証人や信託銀行のような専門家に依頼すべきなのです。大切なのは、自分でできるかどうかを判断することです。

自分でできると判断すれば、シンプルなものを自分で書けばよいのです。専門家に支払う費用を負担しても複雑なものが必要だと思ったら、専門家に依頼すればよいのです。

シンプルな遺言のほうが有効になりやすい

シンプルな遺言は、無効になりにくいという大きな利点があります。認知症との関係です。「全財産を妻に相続させる」とだけ書いてある遺言を作れば、作ったときに多少物忘れがあったとしても無効とされる可能性は低くなります。もし、あなたが少し物忘れが出てきてから、10ページの遺言を作ったら、自分の意思で書いたのではないのではないか、誰かにいわれてそのとおりに書いたのではないか、裁判官はそのように考えるのです。

亡くなる直前に書かれた極端な内容の遺言がときどき出てきます。そのようなものも無効になることが多いのです。

遺言の内容で大切なのは、すべての財産について、誰に何を残すかを、具体的に書くことです。

自宅の土地建物と預金は妻に、父から相続した実家の土地建物は長男に、株式は娘にといったようにです。

妻に80%、息子に10%、娘に10%というのはダメな遺言です。割合で書くのは避けるべきです。ただし、「全部を妻に」という遺言はありえます。「全部」は割合ですが、この場合は分ける作業が必要ないからです。

「思い」は遺言とは別に

遺言を書いたら家族に話もしておく

遺言で自分の「思い」を残したいという相談を受けることがあります。

しかし、遺言は財産についての法律の文書です。「思い」は遺言とは別に残すべきです。

婚姻届に「あなたを大切にします」と書かないのと同じです。

遺言を自分で作る場合は、法律で、紙に全部自筆で書くことが決められています。動画で残しても有効ではないのです。が、思いは、直接話す、動画、音声、コンピューターの文書、どんな方法でもよいのです。

「思い」は遺言とは別に残すのがよいと思います。

財産についての遺言を書いた後で、そのことを家族に話しておくのもよいと思います。

あなたが亡くなった後で、自筆の遺言が出てきた場合、家族の中からその遺言は無効だという主張がされることがあります。自身で書いていないとか、家族の誰かに無理に書かされたとかいうのです。

あなた自身が遺言のことを家族に伝えておくこ

とで、「書いたときに認知症気味で、誰かに無理に書かされた」ということはいわれなくなります。

家族に話すと、家族の間がぎくしゃくするのではと心配になると思います。

しかし、あなたの生前にぎくしゃくするのであれば、あなたが亡くなった後はその何倍も争いが大きくなる可能性が高いのです。

お父さんが生きている間は、およそ争いごとなど起きそうになかったのに、亡くなってみたら大変な争いになる、ということが多いのです。

あなたの財産ですから、あなたが争いにならないようにしておくのがよいのです。

思いは遺言の「付言事項」として残しましょう、という専門家がいます。しかし、亡くなった後に付言事項が出てきても、あなたの真意は十分には伝わりません。あなたが家族に対して直接話しておくほうがよいのです。

亡くなった後に家族が驚くような遺言が出てくることがあります。書いた人は家族のためを思って書いたとしても、家族の予想していない遺言だと、家族の人生設計が変わってきたりします。

はじめから内容がわかっていれば、それに向けて準備もできるのです。

遺言のことを話すのは、遺言に書ける以外のことを家族と話すきっかけにもなります。老後の生活のことやお葬式のことを話す機会にもなると思います。

このときに大切なのは、できれば家族全員に話しておくことです。

家族の1人だけに話したのでは、他の家族は納得できません。遺言を書いたこととその思いを、家族全員に伝えておくのがよいのです。

遺留分に配慮する

極端な遺言は避けるべき

遺留分という制度があります。

法定相続人は、法定相続分の割合の半分の金額を必ずもらう権利があるという制度です（ただし、あなたの兄弟姉妹には遺留分がありません）。

たとえば、あなたは配偶者を亡くしていて、子どもは長男と長女の２人だとします。法定相続分はそれぞれ２分の１です。

あなたは、すべての財産を長女に残そうと考えます。長男は自身の財産を十分に持っているとか、長男と仲が悪いとか、長女の生活のためとか、いろいろな理由があると思います。

しかし、法定相続人のうちの誰かに財産を一切残さないというのは、簡単ではありません。遺留分があるからです。

あなたが亡くなったときに、２０００万円の自宅の土地建物と２０００万円の預金があったとします。合計４０００万円です。

あなたは「全財産を長女に相続させる」という遺言を書いていました。

これを、長男が納得すればよいのですが、納得しない場合、遺産の4分の1（法定相続分2分の1の半分）に当たる1000万円を長女に請求することができるのです。これが遺留分です。

以前は、原則として土地建物のような財産そのものを分ける仕組みだったのですが、2018年の相続法改正で、お金で請求する仕組みに変わりました。

長男が長女に遺留分を請求すると、長女は1000万円をお金で支払うことになります。

長男の分をどうしてもゼロにしたいという人がいます。そういう場合に、「推定相続人の廃除」という制度が紹介されることがあります。しかし、実際にはほとんど使われません。ほとんど使われない制度を考えるのは現実的ではありません。

相続の記事では、遺言の「付言事項」に「長男は遺留分の請求をしないように」と気持ちを丁寧に書いておくのがよいとしているものが多くあります。しかし、これも疑問です。

付言事項に書いたくらいで長男が納得してくれるのならば、そもそも争いにはならないのです。付言事項に書くぐらいなら、生前に長男と話しておくほうがよいのです。

誰かがゼロになるような極端な遺言は避けるのがよいと思います。

ただし、「妻に全財産を相続させる」という遺言はありえます。この場合は子どもたちにお母さんの生活を考えてそういう遺言にしたと話しておけば、納得が得られやすいからです。

しかし、「長女に全部」のような、子どもの間で極端に差がある遺言は遺留分の争いを招きやすいのです。

専門家への相談

専門家によって注目するポイントが違う

この本は、自分で書ける遺言の本にしようと思いました。

多くの場合は、それで十分だからです。

しかし、必要な場合には専門家に相談するのがよいと思います。どういう場合に専門家に相談するかは第4章に詳しく書いています。

誰に相談するのがよいでしょうか。

いまは、いろいろなところで「相続の相談」を受け付けています。「相続セミナー」「終活セミナー」もたくさん開かれています。

それらのセミナーでよくいわれることはいくつかあります。

「遺言を書かないと『争族』になり、大変なことになります」

「あなたも『終活』を考えましょう」

「遺言を書いて節税をしましょう」

この3つが多いように思います。

遺言以外に、後見や信託などいろいろな制度の説明が出てきます。

そして、弁護士、税理士、信託銀行、行政書士、司法書士、生命保険会社、住宅メーカーなど、いろいろな人が少しずつ違うことをいいます。

どれも間違いではありません。

しかし、結局、どうしたらよいのかがわからないという人が多いように思えます。ポイントは、その専門家は何に関心があるかです。

税理士は、遺言を見るときに税金がどうなるかをまず考えます。

司法書士は、登記ができるかがとても気になります。

弁護士は、争いになるか、なるとどうなるかが気になるのです。

同じように、住宅メーカーは住宅を建てることでメリットが出るかどうか、保険会社は保険に入ってもらうことでメリットが出るかどうかが、気になるのです。

誰に相談したらいいか迷ったときは……

わたしはこのように考えます。

まず、不安になる必要はないということです。

不安なときに重要な判断をしてはいけないのです。

どういうふうに老後を送って、どういうふうに財産を残したいかをまずは、考えるのがよいと思います。

このときに大切なことは、目的をはっきりさせることです。

節税が大切なのか、争いがないことが大切なのか、自分の老後の生活が大切なのか。もちろん全部が大切だと思いますが、優先順位を考えるのです。

節税を考えすぎると、争いが生じることがあります。

争いがないことを重視しすぎると、税金を多く払うことになったりします。

全部を満たす解決策を見つけるのは難しいのです。

紹介と相性で相談先を選ぶとうまくいく

相談先ですが、たとえば、信託銀行は大きな組織です。たくさん遺言を作っていて、安心感があります。ただし、争いが起きそうなケースは引き受けてもらえません。

弁護士は、詳しい人とそうでもない人がいます。ただし、わたしは知識だけでなく、相性も大切だと思っています。

信頼関係を作ってすべてを話すことができなければ、弁護士は知識があったとしても活かすことができないからです。

安心なのは、誰かに紹介してもらう方法です。弁護士のよしあしはわかりにくいからです。ホームページが立派かどうかは、弁護士としての能力とはあまり関係がありません。

紹介してもらえるつてがない場合は、身近なところに相談に行ってみるのがよいでしょう。弁護士会や区役所・市役所などの法律相談窓口などなら、費用もあまりかからずに相談することができます。

司法書士や行政書士にも大変詳しい方がいます。弁護士でもこの人はあまりわかっていないなと思う人もいます。

あまりたくさんのところに相談に行くのはおすすめできませんが、多くて2～3人に会ってみて、相性が合うかどうかで選ぶとうまくいくことが多いと、経験的に思っています。

第2章

遺言書保管制度の使い方

遺言書保管制度の使い方

遺言書を法務局で保管できるように

２０２０年7月10日から、自筆証書遺言書保管制度という制度が始まりました。

遺言書保管制度は、あなたが自筆で作った遺言書を、法務局の「遺言書保管所」と呼ばれるところであなたの亡くなった後50年間、保管してくれる制度です。紙に書かれた遺言書の原本と、原本を画像にしたデータの両方が保管されます。

保管を申請するときは、あなた自身が法務局に行きます。法務局の遺言書保管官という担当者は、あなたが本人かどうかを確認して、遺言書について、形式面のチェックをすることになっているので、遺言の信頼性が増します。

保管の手数料は３９００円です。費用をかけずに自筆で作るシンプル遺言に適した制度です。

これまで、自筆の遺言書は紛失したり隠されたりしてしまうおそれがありましたが、法務局が保管すれば、その心配はありません。それから、自筆の遺言書は、書いた人が亡くなった後、家庭裁判所で「検認」という手続きを行う必要がありますが、遺言書保管制度を利用した場合は検認が不

要となるのです。

自筆でシンプル遺言を作成する場合には、遺言書保管制度を利用するのがよいと思います。ただし、遺言書保管制度を利用しなくても、遺言としては有効です。

遺言書を書くときに用意するもの

遺言書を作るために用意するものは、①用紙、②筆記用具、③印鑑です。

遺言書保管制度を利用する場合は、**用紙はA４判**とします（この本２ページ分の大きさです）。無地のコピー用紙かレポート用紙などがよいと思います。遺言書保管制度を使う場合、決められた余白には文字を書かないようにします。

用紙は縦に使っても横に使ってもよく、縦書きで書いても横書きで書いてもよいのですが、なるべく読みやすい文字で書きます。

書き間違ったときは、訂正方法が決められていますが、難しいので、その用紙は破り捨てて最初から書き直すべきです。

シンプル遺言では、それほどたくさんの文字は書きませんが、パソコンで下書きをして、最後に手書きで書くのもよいと思います。

筆記用具は、特に指定はありません。遺言書保管制度を利用する場合は、黒色の容易に消えない筆記具がよいとされています。黒のボールペンを使うのがよいと思います。最近はボールペンにも字が消せるものがありますが、普通のボールペンを使います。万年筆や毛筆に慣れている方はそれでも構いません。

印鑑は、実印でなくても構いません。遺言書保管制度を利用する場合は、シヤチハタのネーム印のようなスタンプ式のものではなく、朱肉を使う印鑑にしましょう。

自筆の遺言書を作成する

遺言書を書くときは決まった方式を守ること

用紙、筆記用具と印鑑を用意したら書き始めます。本文は第3章で詳しく説明しますので、ここでは形式面を確認します。

用紙は、**左側20㎜、右側5㎜、上5㎜、下10㎜以上の余白をとる**ようにします。ぎりぎりまで書かなければよいのです。片面だけを使います。

全部の用紙にページ番号を書きます。**総ページ数を分母とし、1ページの場合も、1／1と書きます**。これも余白に入らないようにします。

はじめに「遺言書」と書きます。文字は必ず**全部自分で書きます**。手が震えても読めれば大丈夫です。

それから**日付を書きます**。西暦でも元号でもよいです。**最後に名前を書いて、印鑑を押します**。封はしないようにします。

念のために注意をひとつ。2人以上で1枚の用紙に遺言を書くことはできません。こういうものを「共同遺言」というのですが、民法で禁止されています。必ずひとり1通ずつ書くようにします。

遺言書のルールを「方式」といいます。「方式」は法務局でも確認してもらえます。

遺言書の様式（遺言書保管制度を利用する場合）

注意ポイント

- ●用紙はA４判。
- ●決められた余白をとる。
- ●必ず自分で書く。
- ●黒のボールペンで書く。
- ●数枚にわたるときもとじずに提出する。
- ●朱肉を使う印鑑を押す。

※破線は、必要な余白を示すものであり書く必要はありません。

遺言書の保管を申請する

法務局の遺言書保管所へ遺言書を持っていく

住所のあるところの法務局、本籍のあるところの法務局、持っている不動産があるところの法務局のうちどこでも保管を申請できますが、後日、新しい別の遺言書の保管を申請したい場合は、最初に申請をした法務局に行かなくてはいけないので、行きやすい法務局を選ぶのがよいと思います。

電話、インターネットか窓口で予約をします。

当日は、遺言書と運転免許証やマイナンバーカードなどの身分証明書と本籍の書かれた住民票を持って法務局（遺言書保管所）に行きます。

置いてある「遺言書の保管申請書」に決められた事項を記入します。わからないところは遠慮せず法務局で質問しましょう。親切に教えてもらえるはずです。手数料は収入印紙で支払います。

法務局で遺言書の「方式」が違っているといわれた場合は、教えてもらって直しましょう。ただし、内容については教えてもらえません。

法務局で遺言書の保管がされたときは、「保管証」という書類がもらえます。保管証を紛失しても遺言書はきちんと保管されます。

遺言書の保管申請書

別記第２号様式（第10条関係）

申請年月日 令和 3 年 3 月 4 日

遺言書保管所の名称	東京	（地方）法務局		支局・出張所

遺言書の保管申請書

【遺言者欄】※保管の申請をする遺言者の氏名，住所等を記入してください。また，該当する□にはレ印を記入してください。

遺言書の作成年月日	1　1：令和/2：平成/3：昭和　3 年 3 月 1 日
遺言者の氏名　姓	佐藤
名	一郎
遺言者の氏名（フリガナ）　セイ	サトウ
メイ	イチロウ
遺言者の出生年月日	3　1：令和/2：平成/3：昭和/4：大正/5：明治　23 年 8 月 15 日
遺言者の住所　〒	123－4567
都道府県 市区町村 大字丁目	東京都○○区○○町×丁目
番地	12番3号
建物名	
遺言者の本籍　都道府県	埼玉県
市区町村	○○市○○
大字丁目	4丁目
番地	5番地
筆頭者の氏名 （注）筆頭者が遺言者と異なる場合は，記入してください。	☑ 遺言者と同じ
姓	
名	
遺言者の国籍（国又は地域） （注）外国人の場合のみ記入してください。	コード　　国名・地域名
遺言者の電話番号 （注）ハイフン(－)は不要です。	0987654321

1001

ページ数	1／5

※申請書は法務省の自筆証書遺言書保管制度のホームページからダウンロードして印刷することもできます。

財産目録の意味

「シンプル遺言」では財産目録はなくてもいい

遺言に財産目録をつけるほうがよいでしょうか。

こう質問するのは、財産目録をつけるのが何のためかがわからない人です。

財産目録をつける意味は、財産を特定するためです。特定とは何でしょうか。

「わたしの自宅を妻に相続させる」という遺言を書いたとします。この場合、「自宅」が家だけなのか、土地を含むのかがはっきりしません。

日本の法律は土地と建物を別々の財産としています。ですから、そこははっきりさせるべきなのです。そこで「わたしの自宅の土地建物を妻に相続させる」という遺言にします。あなたの自宅がひとつであれば、これで十分特定できます。しかし、ここでも家が2軒あるような場合にはあいまいさが残ります。

そこで左ページの例のように書くのです。

これは土地の「登記」に合わせた書き方です。こうすることで、あいまいさがなくなるのです。

相続法改正で、目録についてだけは自筆でなく

遺言書

遺　言　書

わたしは財産目録記載の
不動産を妻春子に
相続させる。

2020年11月15日
埼玉県○○市○○×－×　－×
山田一郎 ㊞

1/2

財産目録

財産目録

【土地】
所在　東京都○○区○○×丁目
地番　×番×
地目　宅地
地積　×××．××㎡

【建物】
所在　東京都○○区○○×丁目
　　　×番地×
家屋番号　×番
種類　居宅
構造　○○○
床面積　1階　××．××㎡
　　　　2階　××．××㎡
山田一郎 ㊞

2/2

てよいことになりました。コンピューターで作成したり登記事項証明書（登記簿謄本）のコピーをつけたりすることでよくなったのです。複雑なものを全部自筆で書くのが大変だからです。その代わりに目録の全ページに署名と押印をします。自筆でなくてよいというのは誰かに作ってもらってもよいということです。

しかし、正しい登記事項証明書（登記簿謄本）を取って、それをつけるのは簡単ではありません。大切なことは、何を相続させると決めたのかがはっきりわかることです。それがわかれば十分なのです。

結論としては、「シンプル遺言」では財産目録はなくてよいと考えます。財産がはっきりわかるように書くことに注意を向けるべきです。財産目録を作る必要がある場合は専門家に依頼するのがよいと思います。

遺言を書き換える

遺言は何度でも書き直すことができる

遺言は一度作った後、何度でも書き換えることができます。

シンプル遺言は、遺言を作ることで、残された家族が遺産分割の話し合いを避けることができるように考えます。それが、残された家族にとってよいと思うからです。

ですので、遺言を作るときの状況に応じて、そのときの全財産が誰に残されるかをはっきりと書いた、シンプルな遺言を作ることをすすめます。

その後、あなたがマンションを購入したとか、自宅を建て替えて預金が大きく減ったとか、あなたのご両親が亡くなってその財産を相続したとか、財産の内容が大きく変わったときは、遺言を書き換えるのがよいのです。

他にも、あなたが離婚をしたり、子どもや孫が生まれたりして、家族の状況が変わったときも、遺言を書き換える機会になります。

遺言は、書き方（方式）が決まっていると書きました。書き換える場合も、遺言の内容を全部自筆で書き、日付と名前を書いて、押印をするという点は同じです。

遺言の書き換えですが、前の遺言に追加する形で、その一部を書き換える方法と、遺言の全体を新しく書き直す方法とがありますが、わかりやすいように全体を書き換えましょう。

最初に「今までの遺言は全部を撤回します」と書きます。これで今までの遺言は全部なかったことになります。その上で、一から遺言全体を新しくします。

遺言書保管制度を既に利用している場合は、「遺言書の保管の申請の撤回」という手続きによって、保管されている遺言書の保管をやめ、返してもらいます。返してもらった遺言書は破って捨てます。

そして、新しい遺言書を、再度、法務局に持って行き、同じように保管を申請すればよいのです。撤回の申請と保管の申請は、それぞれに予約が必要です。

自筆での「一部書き換え」はおすすめできない

後の遺言で前の遺言の内容の一部を修正する方法は、書き方が複雑になります。あなたが思っていたのとは違う形で受け取られてしまうおそれがあります。

ですから、一から新しい遺言を作るのがよいのです。

ただし、例外があります。

前の遺言を作った後で、あなたの物忘れが進んできた場合です。この場合は、もう一度遺言が作れるかどうか、はっきりしません。前の遺言の全部を無効にしてしまうよりは、それを残しておいたほうがよいケースもあります。

記憶力が低下してきた場合については、第4章で専門家に相談すべきと書きました。遺言の書き換えの場面でもすぐ専門家に相談すべきです。

対談

精神科医・名越康文先生

「死」は他人のためにあるものでもある

遺言書は財産だけの問題ではない

竹内　名越先生は、ご著書の中で、今の日本の社会は死を迎える意識が十分でないというようなことをいわれていますが、遺言についてはどうお考えですか？

名越　遺言って、ただ遺産を分与するというだけではなく、その人の理想とか、哲学とか、宗教観とか、そういうものがそこに乗っかってくるものでしょう。

竹内　遺言は、法律家から見ればほとんど財産の問題といってもよいのですが、でも、世の中では、必ずしもそうではない。遺言を残す側も意味づけを持ちたがるように思います。

名越　それは、自分がやり残した人生を歩んでるからと違いますか？
　自分の人生を生ききってないという人ほど、遺言書の中にたいそう大事なことを書いたりしてね。いや人生ってそういうものかもしれないけど。でも生ききった人は、「はい、おしまい」でいいわけでしょう。

竹内　それなら、いきなり遺言はいらないってことになりますよ（笑）。でも、前提として自分の人生を生ききるというのが大切ということですね。

名越　きょう一日を精いっぱい生ききるというかね。

竹内　もうひとつは、残される側から

▶ Profile

1960年、奈良県生まれ。精神科医。相愛大学、高野山大学客員教授。近畿大学医学部卒業後、現・大阪精神医療センターにて精神科救急病棟の設立、責任者を経て、99年に退職。現在はテレビやラジオでコメンテーターなど、さまざまな分野で活躍中。

の見方ですが、たとえば、子どもの側から見ても、財産の話を超えて、意味づけをしがちな気がします。

名越　それは理解できますね。心理学から見ると親は存在自体がひとつの最高の価値というか。

竹内　と、いいますと？

名越　子どもから見ると親自身が愛情の源泉でしょう。だから、どんなことでも子どもにとっては、自分が兄弟姉妹の中で何番目に愛されていたのか、という順位を規定する動かしがたい要因になるんです。心理学的には、そこは克服してほしいところなんですが、でも哺乳類は、おっぱいを吸って育っているというか、親の愛情で育っているわけです。そうすると、どうしても親に対する執着は強くなる。気づかないうちにお金の量が愛情の量に換算されてしまうという面があると思います。

竹内　相続が争いになりやすいのは、財産の話がいつのまにか愛情の問題になっているからなのですね。

名越　親の財産自体をあてにしているという直接的な面もあるかもしれないけれど、そうではなく、どのくらい財産がもらえるかが、自分がどれくらい親に愛されてたかという証明になってしまうからなのではないかな。だから、資産が十分にあるお姉さんがなんでこんなにがめつくなるの？　みたいなことがある。

竹内　遺言書を作る場合は、妻（夫）に自宅を、長男に預金を７００万円というように分けていくわけですが、どう分けても受け取る側は不公平感を感じることが多い。

名越　僕もそのような話は山のように聞きましたね。財産を分けるときの不平等感。

竹内　どうして不公平感・不平等感を感じるのだと思いますか。

名越　同じ値段のものであっても、現実に自分の感じる価値というのは人によって違うから。

竹内　人によって価値が違うと？　同じ７００万円のものを残されても、その価値は受け取る側によって違うということですね。みなさんを見ていると「公平」という感覚をとても大事にされていて、自分だけが全部取ろうというのでは全然ないわけですけど、でも、その際の公平が主観としての公平になりやすいということですね。

名越　そうですね。

日本人が遺言書を敬遠する理由

竹内　日本人は、遺言を作るのに抵抗感があるような気がしています。

名越　有限の人生を信じたくないのだと思いますね。有限の人生を自分から受け入れるという作業が、特に日本人は苦手なところはありますね。

竹内　この本では、それを乗り越えて、遺言を書いたほうがいいですよということを書こうとしているわけですが、何かいっていただけることはありますか。

名越　人が亡くなって、残された側が迷惑を被るというのは大変なことだから、ということですかね。自分はある日突然に死ぬのだから、自分の魂はもうどこかに行ってしまっているか、そうでなくとも連絡をとるわけにもいかないですから、「死」というものは、むしろ残された周りの人のためにあるものなのでしょう。他人に迷惑をかけたくないという意識が、日本人は人一倍強いから、そこまで想像力を働かせれば、遺言を作るのは大切なことなのだと思えるのではないですか。

竹内　今のお話はすごく納得します。あともうひとつ、日本人は契約のようなものがあまり好きではないと思うんです。遺言は契約ではないですが、法律行為という点では同じで。

名越　それはありますね。

竹内　たとえば、アメリカは契約社会といわれていますが、結婚をするときにプレナップといって、離婚するときには財産はこうしますといってあらかじめ契約をして結婚することが多い。結婚する前にですよ。恋愛中でさえ、結婚するときは契約しましょうという話になるわけです。でも日本人は、夫婦とか家族とか親しい間柄の人たちとの間で、契約書を作るということに対して抵抗感がある。これは遺言が苦手なことと通じるような気がするのですが。

名越　人と人を結ぶ縁、あるいは結婚すること、子どもを授かることっていうのは神仏が人間に与えた運命なのかなっていうね、何かそれに人智で触れてはならない、みたいなそういう感覚があるのかもしれません。

竹内　安易に選択してはいけないと。

名越　そう、神聖なものだから。でも、その神聖なものなのに、他方ですぐ破綻するという、日本のある種の宗教性もあるような気がします。そう考えると、それならやっぱり遺言がないと、そこで非常に大きな時間、精神的なエネルギーを使うことになってしまいますね。

きょうだい間の争いは不平等感から生まれる

竹内　わかります。離婚との対比でいうと、弁護士をしていると、離婚と相続の争いって、質的に違うように感じるんです。

名越　兄弟姉妹の場合は、ある種の転移ですよね。愛情の問題が金銭の問題に転移している。

竹内　遺産をどう分けるかの話し合いの過程で、もともとはそれほど不仲であったわけではない兄弟姉妹が、それを契機に本格的な争いを始めるということがあるように思います。

名越　きょうだい関係には、もともと力関係があるものなんです。少し昔なら、長男が絶対的な力を持っていたとか、そういうことがあって、外から見ると完全に不平等です。臨床的に感じるのは、もし「そう（不平等）でもない」と感じる人がいたら、それはその人が一番愛されていたからです。「親が平等に愛してくれました」という人はだいたい一番愛されている人で、他のきょうだいはそう思っていない。

竹内　それが相続を契機に表面化するのでしょうか。

名越　外から見たらある種不平等なきょうだい関係は、他方でひとつの安定なんです。兄姉が上にいても、妹や弟の面倒をみていて、みんなが平和であることに尽力してきたわけなんです。仕切っている側からすると、妹や弟のためにやってきてあげたのにってね。ところが、ある場面で、妹や弟が他者になるわけです。そうすると、兄姉は、妹弟をこんなに自分はみてあげているのになぜ？　となるんです。そういうことが、兄姉の中で猛然とした怒りにつながる。

竹内　客観的な平等、法律的な平等の問題ではないと？

名越　その前にまず感情的にぶつかるケースが多いような気がします。きょうだい関係を仕切っている人は仕切っている人で、精神的なエネルギーを使ってきた、何十年と。それが一瞬にして崩れるわけです。妹弟から

するとやっと解放されたと思うかもしれないけど、兄姉の喪失体験というか屈辱的な感情は、すくい取れないのだと思いますね。

生前に話し合うことで争いを回避する

竹内　家族の中での話し合いはしたほうがいいのでしょうか。しないほうがいいのでしょうか？

名越　それは原則的にはしたほうがいい。しかし、冷静にできるかどうかがすべてで、それがなかなかできない。アドラー心理学では「横の関係」というけれど、家族会議をする前に「横の関係」を築くのは、大変な革命をしなければならないわけですよ。それをわかった上で家族会議をしないと、かえって大きな災いになる。

竹内　たとえば、お父さんは、自分の子どもたちは普通に話もしている、遺言がなくても何とかなるだろうと思っているわけなんですけど、実際に亡くなると必ずしもそうはならないということがある。

名越　よくありますね。家族会議を開くという場合は、やっぱり冷静に話をする、相手の立場をある程度理解して自分の主張をするということができるかどうか。それはひとつの技法論で、その高度な技法が、お父さんが亡くなったからといって急に学べるわけではないので、争いになるのは仕方がないところもある。

竹内　多くの家族にとって、話し合いですべてを決めるというのは簡単ではないと感じます。その意味で遺言があったほうが話し合いをするとしてもシンプルになると思うんですね。遺言を作る過程で家族と相談するというのもあると思うんです。

名越　そこでも家族と話ができるというのは力量がある人なのだろうと思います。そういう意味では、たとえばアドラー心理学の技法を一応学んだ後にやってみる、つまり冷静な議論のやり方をきちんと知った上で初めて可能なのが、家族会議ではないかと思います。それである程度話し合いが成り立つ可能性が出てくる。家族に限らず、話し合うにはやっぱり自分の力量を省みないといけないとは思います。「俺のいうことを聞け」というのは会議じゃないから。そういう意味では、状況をよく判断

するということは絶対必要だということは少なくともいえますね。自分の状況しかり、人の状況しかりね。

竹内　遺言というのは家族関係のポイントのひとつに過ぎないと。

名越　たとえば、お父さんが、「お前ら何が欲しい？」くらい、いえるような力量が必要だと思いますね。逆に自分が楽になりたいから息子にいうという状況は避けるべき。自分が楽になりたいから子どもに相談するというパターンは、ほとんどの場合うまくいかない。

竹内　一部の子どもにだけ相談するということもあるわけですが。

名越　そこはケース・バイ・ケースで、実情の上でわかるんだけれど、特定の人に相談するという段階で不平等というところもある。

竹内　先ほど、家族に迷惑をかけないほうがいいのではないかというところから出発したわけなんですが、そう考えていくと、実は、自分の成長の問題でもあるわけですね。遺言を書くということをきっかけに家族関係を考え直したり、家族と話をしたり、そのために自身が成長したりするチャンスがあると。

名越　もちろん。対人関係をより民主的にしていくというね。そもそも心理学では人間は人を激しくひいきしている可能性があると見るわけだけれど、そのひいきは自分ではわからない。

名越流・専門家との上手な付き合い方

竹内　この本では「シンプル遺言」という自分で書ける遺言についてのコンセプトを提示していて、でも、難しい状況の人は専門家に聞いたほうがいいということもいっています。

名越　はい、よくわかります。

竹内　ただ、専門家に相談するのも日本人はあまり得意でない。お医者さんに対するときもそういうところはあると思うんですけど、信頼関係がないと話しにくいのだけれど、それがなかなかできないというか。

名越　僕はね、もう窮地に立ったら全部開いてしまう。「あ、これは僕には無理だな」というときはね。この前、腎臓に影が見つかってね、99％がんではないといわれたんだけど、そのときは僕はもう完全に、幼馴染の医師に自分の命を預けてるっていうか、パッと開き直れたわけです。自分を引き合いに出すのは僭越《せんえつ》なんですけど、開き直るということが自分の中でできてる人は専門家に相談しやすいと思います。

竹内　弁護士としてクライアントに接するときも感じます。

名越　開き直って任せてしまうことを知っている人は、専門家と相性がいいと思いますね。実際に会う方でも、自己流でがちがちに固めてくる人はやりにくいところがある。

竹内　ただ、不安が強い人はなかなかそれができないところがある。

名越　そうすると、結果としては損をすることがある。専門家の意見を聞くその前に、自分の理念を崩せない人は非常に損すると僕は思いますね。

竹内　そういう関係を作れるといいんですけどね。

名越　信頼って大事です。どうしたら信頼できるかなって思いますね。

竹内　弁護士に限らず、お医者さんもそうだと思うんですけど、合う人に出会うのってわりと難しいと思うんです。みなさんインターネットで調べたりするけれど、弁護士とお医者さんは飲食店より探しにくい（笑）。

名越　そのセーフティネットっていうのは実際の自分の人間関係をつないでおくっていうことですよね。そっちのほうが大事ですよね、付き合いをある程度しておくっていうのは。

竹内　日頃から。

名越　そう、お店を選ぶとかね。チェーン店もいいですけど、でもチェーン店ではなかなか人間関係はできないでしょう。店主と話ができる喫茶店とか居酒屋とかで飲んでいるほうがいいわけです。そうすると、店主がお客さんの中や知り合いの知り合いに弁護士か医師がいますからと。

竹内　そういうご縁もあると。

名越　そう。ネットで選ぶのはそれに比べるとリスクを感じる人は多いかもしれませんね。もちろんホームページでもある程度色は出るといいますけどね。

竹内　最後に、遺言は、どの時間帯に書くとよいというのはありますか。

名越　重要な決断は気分がいいときにしないといけない、体調が悪いときにしてはいけないと、よくいっています。難しいことほど、機嫌がいいときに決めるのがいいと思いますね。せっぱつまった問題があるとき、暗い気持ちの中で書いたものは、基調が暗くなるし判断も間違いやすい。だから、晴れやかな気持ちのときに書いたほうがいいと思いますね。晴れた日の朝、午前中とかね。

竹内　それは自分で作る場合にはとても大切な指摘だと思います。きょうはどうもありがとうございました。

第3章

状況別
シンプル遺言文例14

CASE 1

もっとも基本的な遺言

「シンプル遺言」では、遺産の分け方を割合で書かないことを基本とします。
妻と、子どもが2人いる人を例に書き方を見ていきましょう。

割合で分けるよう指定した遺言の問題点

シンプル遺言では、すべての財産を誰に残すか、はっきりわかるように書きます。

割合では書きません。

これが一番大切なことです。

あなたが男性で、結婚していて、子どもが2人いるとします。自分が亡くなった後の妻の生活を心配しています。

法定相続では、あなたの財産の2分の1しか妻に残されないと聞きました。妻に多くの財産を残したいと考えます。このとき、

「妻に財産の4分の3を相続させる。残りの4分の1は子ども2人で均等に分けるように」

という遺言を書く人が少なくありません。

しかし、これはよくない遺言です。

この遺言では、妻に4分の3、子どもは8分の1ずつです。法律的には問題のない有効な遺言です。遺留分のことも考えられています。

どこがよくないのでしょうか。

あなたが亡くなった後のことが想像されていな

いのです。

法定相続の欠点のひとつは、割合で決められていることだと書きました。それが改善されないのです。

あなたが亡くなった後、妻と子ども2人は、あなたの遺産を4分の3と8分の1と8分の1とで分ける話し合いをすることになります。

これが大変なのです。

不動産や株式などは分けるのが難しい

あなたの財産は、東京都にある自宅の土地建物、預金と株式が少し、それから、あなたが自分の父から相続した新潟の実家の土地建物とします。

妻が東京の自宅を取ります。これには子どもも反対しません。それに加えて預金も妻の生活費に充てたいところです。

しかし、新潟の実家は子どもは2人とも欲しがらないのです。欲しがったとしてもちょうど8分の1ずつに分けるのは簡単ではありません。子どもたちは8分の1と書いてあったら8分の1は欲しいと考えます。それが公平だと思うからです。そうしているうちに子どもの1人が、新潟の実家はいらないから預金のほうがいいといい出します。

あなたの遺産が預金だけであれば、割合で書くのもよいのですが、現実に残される遺産は、不動産や株式や投資信託など割合で分けるのが難しいものが多いのです。

遺言は割合で書いてはいけないのです。

「東京の自宅の土地建物と預金全部は妻に相続させる。新潟の実家は長男に相続させる。株式は長女に相続させる」というように、財産ごとにすべて誰に残すかをはっきり書くのです。

遺産の一部についても、現金と普通預金以外は割合で書くのは避けるべきです。

「株式は子ども2人で均等に分けるように」という遺言を書く人は多いのですが、株価は日々上下します。それを子どもたちが話し合って均等に分けるのは大変だからです。

遺言で、どう分けるか家族が迷わないようにすべき

遺言を書くのは争いを避けるためといわれます。しかし、それだけでは十分な理解ではないのです。

争いになるのは、どう分けるかの話し合いが必要になるからです。**話し合いが起きないようにしておくことが重要**です。

遺言があっても、妻と子どもが話し合って別の分け方にすることはできます。遺言は話し合いができないときのためにあるのです。

もうひとつとても大切なことがあります。

大きい財産については、それぞれ誰に残すかを決めると、最後に細かい財産が残ります。

それについては「以上に書いたもの以外のすべての財産は妻に相続させる」のように書いておきます。

わずかであっても行き先が決まっていないものがあれば、話し合いが必要になるからです。

ただし、ローンや借金がある場合は、この書き方をするとすべてのローンや借金を妻が負担することになる場合がありますので、注意してください。ローンや借金については、別の項目で詳しく説明します。

あなたの財産です。あなたが責任をもって誰に残すかを決めるのがよいと思います。

文例　妻に主な財産を相続させる遺言書（子どもがいる場合）

遺　言　書

1　東京都○○区○○×－×－×の自宅の土地建物を妻京子に相続させる。

2　新潟県○○市○○×－×－×の実家の土地建物を長男誠に相続させる。

3　預貯金の全部を妻京子に相続させる。

4　株式・投資信託等有価証券の全部を長女桜に相続させる。

5　以上に書いたもの以外のすべての財産は妻京子に相続させる。

最後に残る細かい財産についても書いておく。

2021年7月15日
東京都○○区○○×－×－×

山田一郎 ㊞

1/1

まとめ

●すべての財産を誰に残すか、はっきりわかるように書く。

●割合では書かない。

CASE 2

「持戻しの免除」をする――生前贈与

生前に子どもなどに財産をあげることはよくあります。しかし、そのことが子どもたちの争いの火種となってしまう場合があるのです。

遺産分割の際、生前贈与でもめやすい

遺言がない場合または遺言が割合で書かれている場合に、相続財産を分けることを遺産分割といいます。

遺産分割は感情的な対立を生みやすいのですが、対立のきっかけになるポイントは決まっています。特別受益と寄与分です（寄与分についてはＰ52で説明します）。

特別受益というのは、主に生前贈与のことです。

たとえば、あなたの長男が自宅のマンションを買ったとき、あなたが１０００万円出してあげていた、というような場合です。

長女は結婚して、夫の社宅に長い間住んでいたので、そのようなお金はもらっていません。

この場合、遺産分割時に、長男がマンションを買うときにもらった１０００万円のことを考えて遺産を分けることが公平なので、民法はそのように決めています。これを「特別受益の持戻し」といいます。

しかし、遺産分割の場面で「特別受益の持戻し」

を考慮するとなると、それ以外にも長男と長女が次々に相手がもらったものの話をすることになります。長男は、

「僕はたしかに１０００万円出してもらいました。でも、妹の息子は中学から私立に行っています。父が学費を出してあげていたと聞いています。それから、妹はホテルで立派な結婚式を挙げましたが、そのときに２００万円出してもらったと聞いています。僕の１０００万円をいうのであれば、妹がもらったものもきちんと計算しなくては不公平だと思います」

と。これに対して、長女は、

「わたしの息子が私立の中学に入って入学金がかかった際に、その足しにといっていくらか出してもらったことはあります。でも、全部ということはないです。それに、そんなことをいうのであれば、兄も車を買い換えたときに父からいくらかもらったと聞きましたし、兄の奥さんも父から着物を買ってもらったことがあります」

というのです。

日本では、両親が子どもにお金を援助することが多くあります。そんな中で、生前贈与をすべてきちんと考えようとすると、どこまでも昔にさかのぼっていくことになります。

そもそも、もらったのかもらっていないのか、もらったとしていくらもらったのか、はっきりしないことが多いのです。それで争いになりやすいのです。

たった一文書くだけでもきょうだい間の争いを防げる

それだけではありません。生前贈与は、お金の問題であると同時に長男、長女のどちらが親から大切にされていたかという親子関係の不公平感の

問題でもあるため、感情的な争いになりやすいのです。

このような生前贈与（特別受益）について、遺産分割をするときに、「持戻し」をしないように決めることができます。

生前にあげたもののことはもう考えないで、お父さんが亡くなった後に残っている財産だけを分けるようにすることができるのです。それを**「持戻し免除の意思表示」**といいます。

シンプル遺言の考え方では、すべての財産を誰に残すかを決めておくのが基本型です。それが争いを防ぐには一番効果的だからです。すべての財産を誰に残すかはっきり書いた場合、生前贈与が問題にならないので、「持戻し免除の意思表示」を遺言に残す必要がありません。

しかし、分け方はどうしても子どもたちに任せたいという場合には、**持戻しの免除について遺言を残しておくと、その分、話し合いをシンプルにすることができます。**

「持戻し免除の意思表示」がある場合、長男がもらったマンションの購入資金、長女が子どもの入学のときにもらったお金、長男が車を買い換えるときに出してもらったお金、それらはすべて考えないで、あなたの亡くなったときにある財産だけを対象に、遺産分割をすることになります。

特別受益がない遺産分割は、特別受益がある遺産分割に比べて、はるかに簡単です。

なにより「兄ばかり大事にされていた」「長男としてそれなりのことをやってきたのだから、妹にそんなことをいわれるのはおかしい」というような感情的な対立を防ぐことができるのです。

なお、遺留分の場面では持戻しの免除はできません（生前贈与は考慮されます）。遺留分は、最低限のものを確保するための仕組みだからです。

文例　特別受益の持戻しを免除する遺言書

遺　言　書

わたしは、遺産については、家族で話し合って分けてほしいと思います。

ただし、そのときにこれまでの特別受益についてはすべて持戻しを免除しますので、残った財産だけを分けてください。

2021年7月21日
神奈川県○○市○○×－×

吉田次郎 ㊞

1/1

まとめ

●遺産分割で感情的な対立のきっかけになるのは特別受益と寄与分。

●持戻しの免除をすると特別受益について考える必要がなくなる。

●遺言書で、具体的にすべての財産の分け方を指定してあれば、生前贈与は問題にならなくなる。

CASE 3

面倒をみてくれた子がいる——寄与分

年老いた自分の面倒を最期までみてくれた子どもへの感謝は格別だと思います。親として、その苦労が報われないのでは、その子が気の毒ではありませんか？

「寄与分」はなかなか認められない

遺産分割の場面で感情的な対立のきっかけになるポイントは特別受益と寄与分であると書きました。

寄与分というのは、亡くなった被相続人の面倒を誰かが特別にみたときに、遺産分割の場面でそれに報いようというものです。

特別受益の難しさには、はるか昔の生前贈与が出てきたり、親子関係の不公平感が問題になったりするといいましたが、寄与分には別の種類の難しさがあります。

親の面倒をみるというのはお金に換算できません。

80歳のお父さんを娘が週に2回訪ねて話し相手になるというのは、お父さんにとってはお金には換えられないうれしいことだと思います。

しかし、遺産分割が裁判所で扱われるとき、裁判所はなかなか寄与分を認めません。

民法は財産法です。基本的にお金についての法律なのです。民法には、寄与分は「財産の維持又は増加」について「特別の寄与」があった場合に認めると書かれています。

お父さんにやさしくするというのは、お父さんの財産の維持又は増加にはつながりません。子どもが親と話すというのは特別なことではないと民法は考えるのです。

わたしが法科大学院で税法の講義を受けていたときのことです。後に政府税制調査会の会長になられた中里実教授は、

「みなさん、人にはやさしくしてあげてくださいね。やさしさは非課税ですからね」

と笑顔でいわれました。

人にお金をあげれば贈与税がかかります。しかし、人にやさしくしてあげることには税金はかからないのです。

寄与分の考え方もこれと少し似ています。

法律はやさしさをお金に換算しないのです。

多めに相続させたければ遺言に書くべき

たとえば、お父さんは、ヘルパーさんに週に4回来てもらっていて、1ヵ月に8万円かかっていたとします。それが、娘さんが週に2回来てくれてその分ヘルパーさんの回数が減って、かかる費用が4万円になったとします。こういう場合には、寄与分が認められることになります。

しかし、お金に換算できない場合、週に2回来てくれていた娘は、自分はこんなにお父さんのためにがんばったのに、何もしていない兄と比べて寄与分が認められないのはおかしい、と考えるでしょう。

娘はお金がほしいということではないのです。

寄与分という制度で、自分のしてきたことが認められないのはおかしい、と考えるのです。

娘さんが自分によくしてくれました、それはうれしいことです。その場合、民法の寄与分は期待できません。遺言を書くべきなのです。

寄与分としてはお金に換算できないけれど、娘さんにその分多く残したい、それは遺言に書いておくべきなのです。

それから、寄与分は相続人だけの問題です。

相続法改正で、その他の親族についても「特別寄与料」の制度が作られました。たとえば、息子の妻が、娘の夫が、自分の面倒をみてくれた場合にも報いよう、という制度です。

しかし、「特別寄与料」はまだできたばかりで、議論が十分ではありません。どのような場合に認められるのか、はっきりわからないところがあります。しかし、この場合も遺言に書いておけばよいのです（「特別寄与料」についてはＰ72で説明します）。

遺産分割では、割合にしたがって財産を分ける話し合いをしているうちに、いつのまにか感情的な対立が生まれることがあります。

その中でも特別受益と寄与分は、お金の問題でありながら、きょうだい間の不公平感の問題につながりやすく、感情的な対立を招きやすいのです。

あなたが認知症になった場合はどうでしょうか。その後に、たとえば娘さんがよく面倒をみてくれたとしても、そのときにはもう遺言を作れない場合が多いでしょう。この場合は仕方がありません。

あなたが亡くなった後で、娘さんは、寄与分を主張して、相続人の間で話し合ったり裁判所に決めてもらったりして、少し多く財産をもらうということもありえますが、わたしは、それよりも、遺言で分け方がはっきり決まっていて、話し合いや争いが避けられるほうが、娘さんにとっては、結果としてよいのではないかと思います。

文例　子どもの寄与に報いる遺言書

遺　言　書

1　預金のうち2000万円を長女春香に相続させる。

2　その余のすべての財産は長男雅夫に相続させる。

2021年2月15日
東京都○○区○○×－×－×

木村次郎

1/1

まとめ

●親の面倒をみることはお金に換算できない。

●民法は寄与分を認めないことが多い。

●元気なうちしか遺言で配慮できない。

CASE 4

子どもがいない夫婦

夫婦のみで子どもがいない家庭では、どちらかが亡くなった後の財産をめぐって、配偶者の親やきょうだいと話し合いになる場合が考えられます。

子どもがいない夫婦は、遺言を書く意味が大きい

子どもがいない夫婦が増えています。

国立社会保障・人口問題研究所が行っている出生動向基本調査では、１９７７〜８７年頃は子どもがいない夫婦の割合は４〜５％でした。

しかし、２００５〜１５年頃は11〜14％です。

子どもがいない夫婦と、子どもがいる夫婦とでは遺言を書く意味が違います。そして、子どもがいない場合は、遺言を書く意味が大きいのです。

なぜでしょうか。

子どもがいないと、ほとんどの場合に遺産分割が必要になり、その遺産分割を配偶者の親族との間で行わなくてはいけないことがあるからです。

シンプル遺言では話し合いによって遺産を分ける遺産分割は、できるだけ避けるのがよいと考えます。

遺産の分け方を話し合うことは、親子でも兄弟姉妹でも、大変です。話し合いの途中で、感情的に対立が深まってしまう例が多いのです。

そこに家族外の親戚が入ってくれれば、連絡を取

るのにも、話し合いをするのにも多くの時間と手間がかかります。精神的な負担がいっそう大きいのです。

遺言がない場合は、法定相続による遺産分割になります。法定相続については第1章に書きました。家族構成のパターンごとに、民法に書かれている法定相続分という割合によって行われます。この本で「0回目の遺言」と呼ぶものです。

あなたが女性で、夫がいて子どもがいない場合を考えます。法定相続分は、あなたが亡くなったときに、あなたの両親が既に亡くなっていて、あなたに兄弟姉妹がいれば、夫が4分の3、兄弟姉妹が4分の1です。あなたに姉と弟がいれば4分の1を2人で分けるので、姉が8分の1、弟が8分の1です。**（図1参照）**

あなたが亡くなったときに両親のどちらかが存命の場合は、夫が3分の2、両親が3分の1です。父と母の両方が存命の場合は、3分の1を2人で分けるので6分の1ずつです。**（図2参照）**

【図1】 両親が亡くなっていれば、兄弟姉妹に遺産が

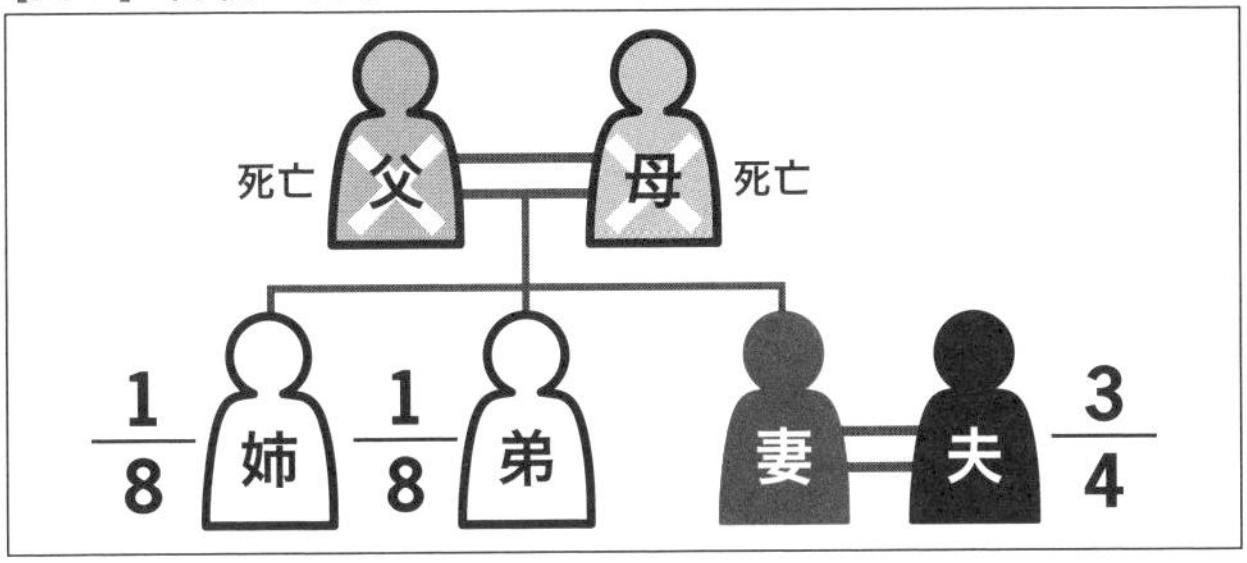

【図2】 両親が存命なら相続の対象に

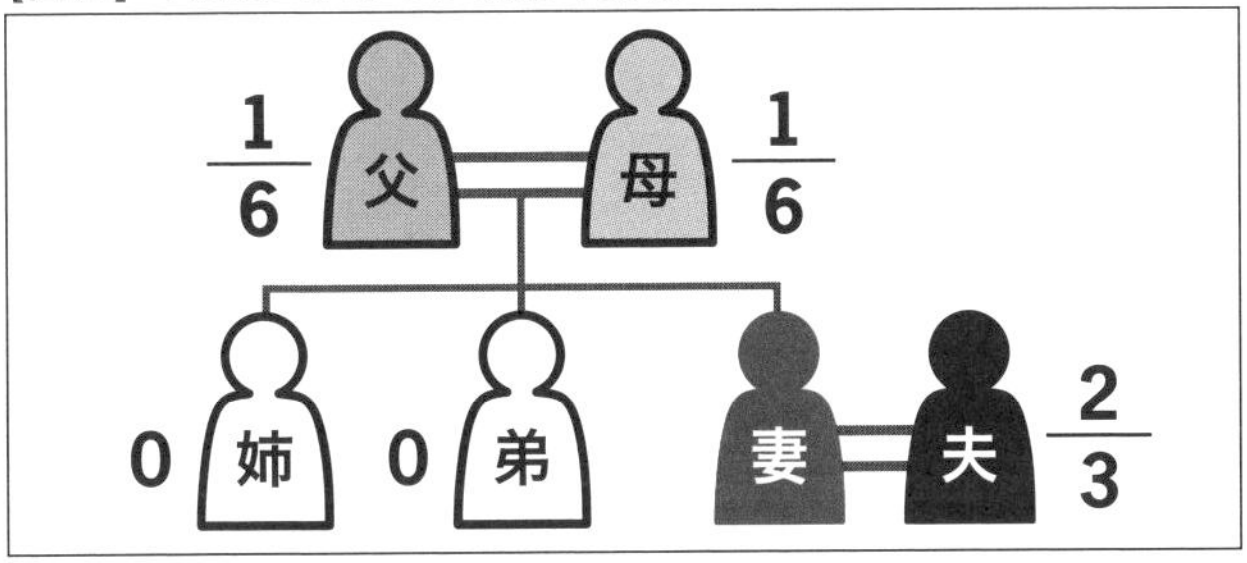

このような場合、あなたが亡くなったときに、あなたの夫は、あなたの兄弟姉妹、またはあなたの両親と遺産分割の話し合いをすることになるのです。もし兄弟姉妹が先に亡くなっていても、その兄弟姉妹に子どもがいればその子どもが相続人になります。

遺産分割は、親子の間や兄弟姉妹の間でも大変です。しかし、妻を亡くした夫が、妻の母親やきょうだい、場合によっては甥や姪と遺産分割をするのはそれ以上に大変です。

シンプル遺言一枚で残された夫の負担を減らせる

遺言を書くことでその話し合いをしなくてよくなるのです。

これは、財産の多い少ないとはあまり関係がありません。財産がたとえ少なかったとしても、話し合いをしなくてすむのが遺言を書く大きな利点だからです。

「全財産を夫に相続させる」という遺言が、一般的です。

しかし、それ以外にも「父親から引き継いだ実家の土地は弟に相続させる。それ以外の財産全部は夫に相続させる」のような形もあるでしょう。

繰り返しますが、分け方を決めておくことが大切なことなのです。

遺産分割というと、遺産の分け方を決めるのが大変なように思われがちですが、それ以前に話し合いをすること自体が大変な負担になるのです。カステラや羊羹を切って分けるとき、どんな分け方をしても人は不公平を感じます。夫とあなたの親戚とでカステラや羊羹を切らなくてよいようにすべきなのです。

文例 子どもがいない夫婦のシンプル遺言書

遺　言　書

わたしは、全財産を夫健二に相続させる。

財産の表記漏れなどを防ぐために、「全財産」とする。

2021年8月10日
東京都○○区○○×－×－×
田中　幸子 ㊞

1/1

まとめ

●子どものいない夫婦の遺産分割には配偶者の親戚が入ってくる。

●遺言があれば、財産が多くても少なくても、話し合い自体の負担を減らすことができる。

CASE 5

再婚した場合

離婚により夫婦の縁は切れますが、子どもとの縁は続きます。先妻の子、再婚相手の子、どちらも法定相続人となるのです。

『先妻との間に子がいれば特に遺言が必要』

離婚したり配偶者を亡くしたりして再婚したとします。

結婚期間が数年の場合も20年の場合もあります。最初の配偶者を早く亡くす場合も、結婚して長く経ってから亡くす場合もあります。

それから、最初の配偶者との間に子どもがいる場合といない場合があります。再婚相手との間に子どもがいる場合といない場合があります。

しかし、再婚をしたら、どの場合にも、遺言を書くのがよいと思います。

２つ理由があります。

ひとつ目は、法定相続が現実と合わない場合があるからです。

配偶者の法定相続分は、２分の１と大きくなっています。

民法は、民法ができた頃に多かった家族の形に合わせて作られています。

少し前は、外で仕事をする夫と長年連れ添った専業主婦の妻との間に、子どもがいる家族が多かったと思います。そのような家族では、夫名義の家、夫名義の預金には専業主婦の妻の貢献があるとみます。

しかし、たとえば男性が30歳で結婚し、子どもを2人もうけた後に52歳のときに離婚し、60歳で再婚したというような場合に、再婚した妻の相続分が2分の1というのは、先妻の子どもにとっては納得しにくいところもあるように思います。

分け方の割合に正解はないのですが、民法の法定相続が想定している家族関係と実際の家族関係が合っていない場合があるのです。その場合には、法定相続分に任せるのではなく、自分で考えて、遺産の分け方を決めておくべきだと思います。

もうひとつ、再婚した場合に遺言を書いておいたほうがよい理由があります。

先妻の子と、再婚相手、あるいは再婚相手との間の子どもが、遺産分割をしなくてもよいようにするためです。

遺産分割が大変なのは、財産の問題に家族の感情の問題が投影されるからです。

離婚は多くの場合大変です。微妙な感情が生じる可能性が高い場合には、特に遺産分割が起きないようにしてあげるのがよいのです。

【図】先妻と後妻どちらとの間の子どもも法定相続分は同じ

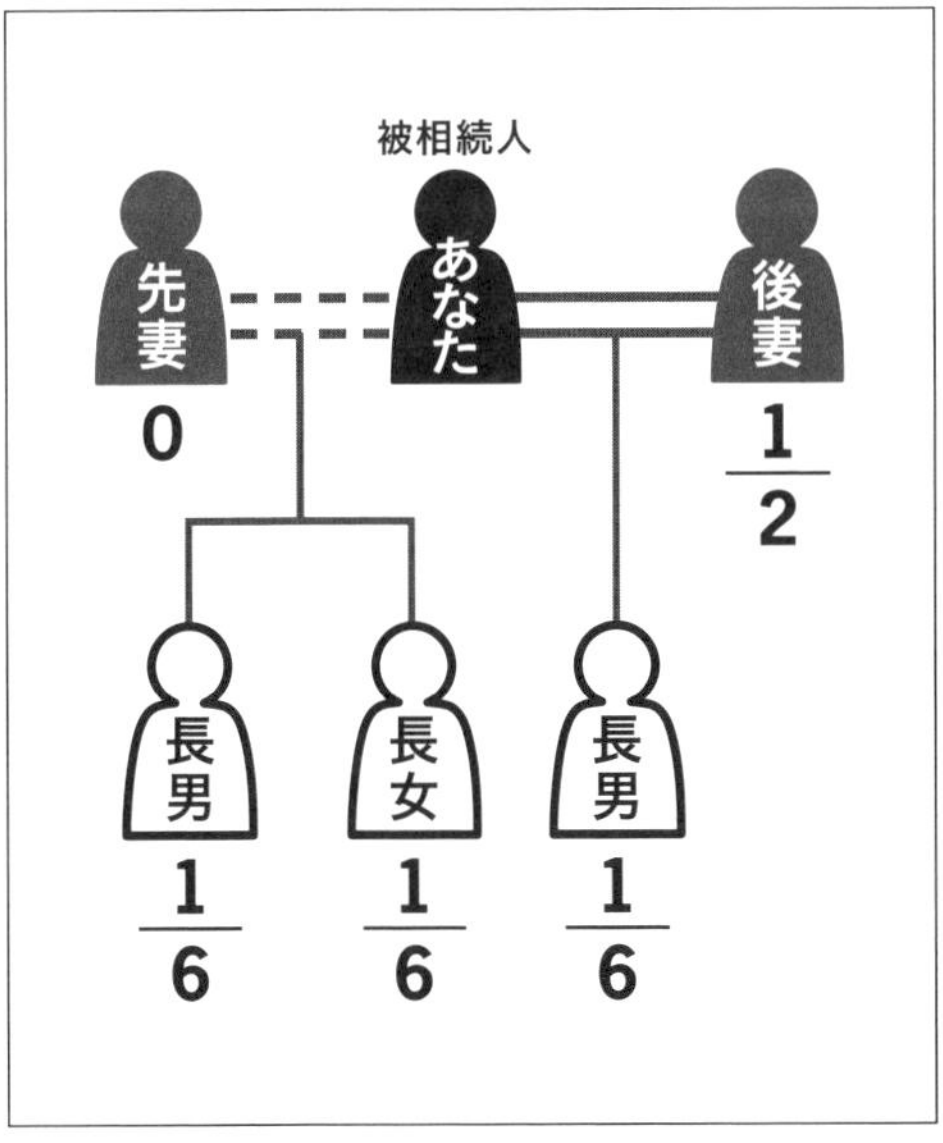

子どもの誰かがゼロになる偏った分け方は避ける

分け方については、自分が亡くなった後の再婚相手の生活、最初の配偶者との間の子どもと再婚相手との間の子どものバランスをどう考えるかがポイントです。

分け方は難しいところもありますが、正解はないのです。あなたが決めればよいのです。

分け方がすべての財産についてきちんと決まっていることが一番大切です。それが、残された家族のためになるというのがシンプル遺言の考え方だからです。

ひとつのやり方としては、**再婚した配偶者の生活のことをまず考え、次に、残りを分けていく**のがよいと思います。

ただし、気をつけることがあります。

疎遠になってしまった最初の配偶者との間の子どもには財産を残さず、再婚相手との間の子どもたちに全部の財産を残す人がいます。しかし、**最初の配偶者との間の子どもには遺留分があるので、誰かをゼロにすることは避けるべき**です。

争いのもとになる遺産分割は避けることが重要です。同じように、遺留分についての争いも起きないような遺言にするのがよいと思います。

「付言事項」に書いたくらいでは遺留分の争いは避けられません。

それから、再婚をした場合は、お墓についてどうするかも遺言で決めておいたほうがよい場合もあります。お墓を最初の配偶者の子どもに任せるのか、再婚相手に任せるのか、再婚相手との間の子どもに任せるのか、考えておくべきです（お墓についてはＰ76で説明します）。

文例　先妻の子と再婚相手とその子どもへの遺言書

遺　言　書

1　東京都○○区○○×－×－×－▲▲号室の自宅マンションを妻明美に相続させる。

2　預金のうち500万円を先妻との間の長男佐藤正太郎に相続させる。

3　預金のうち500万円を先妻との間の長女佐藤美咲に相続させる。

4　預金の残り全部と株式を長男周平に相続させる。

5　そのほかのすべての財産を妻明美に相続させる。

2021年2月15日
東京都○○区○○×－×－×－▲▲号室

久保田正夫 ㊞

1/1

まとめ

- 再婚をした場合は、遺言を書く必要性が特に大きい。
- 最初の配偶者との間の子と、再婚相手、再婚相手との間の子が遺産分割するのは大変。
- 疎遠になっていても、最初の配偶者との間の子に何も残さない遺言は遺留分の争いを招く。

CASE 6

株式を保有している場合

株式の相続は、遺言を作った後で株数が変化します。また、相場により株価が変わったりするので、注意が必要です。

株式数で指定すると混乱の元になる

上場株式がある場合の遺言についてです。

三菱商事の株式を２０００株とトヨタ自動車の株式を１０００株、持っているとします。

この場合に、遺言書に、

「三菱商事の株式１０００株とトヨタ自動車の株式１０００株を長男に、三菱商事の株式１０００株を長女に相続させる」

というように書く人がいます。

公正証書遺言でもこのように書いているものを見たことがあります。

しかし、これはおすすめできません。

株式は遺言を書いた後も売買によって持っている数が変わります。

会社の合併や株式分割など会社側の事情によっても銘柄や株式数が変化するのです。

最初に書いた例で、あなたが亡くなったときに、あなたの持っている株式は三菱商事の株式が３０００株とトヨタ自動車の株式が２０００株になっていたとします。

あなたは、三菱商事については長男と長女に２分の1ずつ、トヨタ自動車については長男にと考えたのだというようにも思えます。

長女には別に預金を残しているというような場合には、長男と長女の金額のバランスを考えて作られた遺言のようにも見えます。

あなたとしては、書いたときには考えがあったはずですが、亡くなった後に初めて読まれる遺言では、その考えを残された人にそのまま理解してもらうことはできないのです。

遺言では、書いてある以上のことは、残された人には伝わりません。

そのため、基本的には書いてあるとおりに理解をすることになります。

他の部分から考え方がわかる場合は別ですが、はっきりしなければ、遺言に書いてあるとおりに、三菱商事の株式３０００株のうち１０００株と、トヨタ自動車の株式２０００株のうち１０００株を長男が取得します。三菱商事の株式の残り２０００株のうち１０００株を長女が取得します。

遺言にはっきり書かれていない、三菱商事の１０００株とトヨタ自動車の１０００株については、遺産分割として、相続人の間で話し合って分ける、ということになります。

遺産分割の場面を作らないことがシンプル遺言の考え方でした。

話し合いになれば、争いが起きやすくなりますので、話し合いの場面はできるだけ避けるようにするのです。

株式や投資信託のように、将来、銘柄や数が変わるものについては、それらが変わった場合にも、すべてを話し合いなしで分配できるようにするのがよいと思います。

株式の相続は口座ごと1人だけに残すのがシンプル

遺言を作るときには、読んだ人に考えさせないような遺言にするべきなのです。

シンプル遺言の考え方の重要なポイントです。

では、株式などの相続については、どういう遺言がいいでしょうか。

「○○証券○○支店の資産は全部長男に相続させる」というように**証券会社の口座ごとに1人の人に残すのが一番簡単**です。証券会社の口座がひとつだけの場合は、銘柄ごとに分けることもありえます。株式と書くと投資信託などは含まれないので「資産」と書きました。

持っている株式が大きく変わって、長男長女の間で不公平になってしまいそうな場合は、遺言を書き換えるのがよいと思います。

株式は株数も変わるのですが、株価も刻々と変化します。遺産分割の話し合いをしているうちに金額が大きく変わったりするのです。そうすると、バランスを取るためには、その値段を見ながら少しずつ調整していかなくてはいけません。**株式のたくさんある相続について遺産分割の話し合いをするときに苦労する**点です。

話し合いをする場面を避ける。そのためには将来、株式の状況が変わったとしても、文面を読めば財産のすべてが誰に残されたものかが、はっきりわかるように書くべきなのです。

あなたとしては公平にしようとして、長男に1000株、長女に1000株と書いてしまうことがあると思いますが、結果として争いが起きることがあるのです。話し合いの場面が起きないようにするのがシンプル遺言のコンセプトです。このような書き方は避けたほうがよいと思います。

文例　株式を相続させる遺言書

遺　言　書

1　○○証券○○支店の資産は全部長男洋一に相続させる。

2　△△証券△△支店の資産は全部長女直美に相続させる。

3　その他のすべての財産は妻敏子に相続させる。

2021年7月5日
大阪府○○市○○×－×－×

斎藤五郎　㊞

1/1

まとめ

●株式は株数や銘柄が変化したり、株価が変動したりすることがある。

●株数を遺言に書いても、亡くなるときには株数が違うことがある。

●読んだ人に考えさせないような遺言にすべき。

CASE 7

籍を入れていない

日本の法律では、事実婚のパートナーに相続権は認められていません。入籍していないカップルは、お互いに遺言を書く必要があります。

法定相続人ではない人へは遺言で財産を残す

婚姻届を出していない、籍を入れてない事実婚の場合、何が問題になるでしょうか。

現在法律上の結婚が認められていない同性カップルの場合も、同じことが問題になります。

大きな問題は、籍を入れていない場合は、遺言がなければ財産を相続できないことです。

なぜでしょうか。

法定相続人（0回目の遺言に出てくる人）の決め方がそうなっているからです。

民法は、婚姻届を区役所や市役所などに出してそれが受理され、戸籍に記載された「法律婚」の夫婦が法定相続人であると決めています。

籍を入れていない事実婚の夫婦、同性のパートナーは法定相続人ではないのです。

しかし、法定相続人でない人に対して財産を残すのは自由です。それは遺言によって行います。

ですから、籍を入れていない事実婚の夫婦や同性のカップルの場合には、遺言を書くことの意味がとても大きいのです。

遺言がなければ、財産を残すことができないからです。

民法の法定相続とあなたの家族の関係が合っていない場合、遺言を作るべきであると書きました。**籍を入れていない事実婚の夫婦や同性のカップルの場合も、民法の法定相続と実際の家族の関係とのギャップが大きい**場面です。

遺言の内容についても考えるべきことがあります。「相続させる」と「遺贈する」の違いについてです。遺言の文例に、「相続させる」と「遺贈する」という言葉が出てきて、どう違うのだろうかと思ったことがあるかもしれません。

妻や子どもに対する遺言では、財産を妻や子どもに対して「相続させる」という書き方をするのが一般的です。

しかし、法定相続人でない人に対しては「相続させる」ことができません。民法で言葉を使い分けているからです。

したがって、**籍を入れていない事実婚の夫婦や同性のカップルは、遺言を作る場合に、「遺贈する」と書きます**。

もっとも、「相続させる」と書いたとしても無効にはなりません。遺言の文面は、亡くなった人の意思をできるだけ実現するように解釈すべきと考えられているからです（ただし、明確でないものはダメということは、P64の株式の相続のさせ方のところで書きました）。

事実婚のパートナーに「相続させる」と書いてあったとしても、法律上は「遺贈する」という意味であるとして理解されます。

「相続させる」と「遺贈する」の違いは、いくつかありますが、大きな違いは「遺言執行者」がいる場合には、遺言執行者のみが遺贈の登記などの手続きを行うことになる点です。

籍を入れていないパートナーに対して財産を残す遺言の文面ですが、たとえば、入籍していないパートナー（同性のパートナー）に「全財産を遺贈する」とします。

具体的な財産を挙げて、それを遺贈すると書くこともできます。ただし、その場合も全部の財産を誰に残すかをはっきりさせておくのがよいと思います。

シンプル遺言では基本的には遺言執行者を決めないのですが、事実婚または同性のパートナーに対して全財産を遺贈する遺言の場合は、遺言執行者がいたほうがよい場面が多いので、そのパートナーを遺言執行者に指定するとしておくのがよいと思います。

法定相続人は多くの場合に自分で相続の手続きができるのですが、事実婚または同性のパートナーは法定相続人ではないため、自分では手続きができません。しかし、遺言執行者に指定してあると、遺贈の手続きがスムーズに行えます（遺言執行者についてはＰ１１２で詳しく説明します）。

ただし、遺言執行者は、あなたが亡くなった後でパートナー自身が家庭裁判所に選んでもらうことができますので、遺言で指定することが絶対に必要というわけではありません。

必要なのは、入籍していないパートナー、同性のパートナーに全財産または具体的な財産を遺贈するということを、はっきり書いておくことです。

遺言に妻や子どもなどの法定相続人を書く場合、住所を書く必要はありませんが、遺贈する相手、遺言執行者については、遺言書保管制度の保管申請書にもその人たちの住所などを書くことになるため、遺言書の本文にも住所を書いておくのがよいと思います。

文例　事実婚のパートナーに全財産を残す遺言書

遺　言　書

1　わたしは全財産を近藤洋子（東京都○○区○○×－×－×）に遺贈する。

「遺贈する」と書く。

2　遺言執行者に近藤洋子を指定する。

2021年5月9日
東京都○○区○○×－×－×

中村一夫

1/1

まとめ

- 籍を入れていない事実婚・同性のパートナーは遺言がなければあなたの財産を相続できない。
- 遺言を書く意味が大きい。
- パートナーを遺言執行者に指定しておくのがよい。

CASE 8

お嫁さんに財産を残す

息子のお嫁さんは法定相続人ではありませんし、新設された「特別寄与料」も認められるとは限りません。

『家族として暮らしてきた義理の娘であっても』

義理の親子という言い方があります。

あなたの息子の妻（お嫁さん）は、あなたから見ると義理の娘です。

あなたが亡くなった場合、義理の娘は法定相続人ではないのです。同居して家族として生活していても相続の対象にはなりません。

たとえば、あなたに妻と息子、娘が1人ずついるとします。

あなたは息子が結婚してしばらくしてから、二世帯住宅を建てて、それからあなたと妻と息子夫婦とで長く生活していたとします。息子夫婦には子どもがいませんでした。

土地も建物もあなたが資金を全額出したので、あなたの名義です。二世帯住宅の土地建物はいずれ息子に引き継ごうと思っていました。

しかし、息子は50代で急逝します。息子が亡くなった後も、あなたと妻と息子のお嫁さんは、二世帯住宅で生活しています。幸いよい関係が続きました。

あなたは86歳で亡くなります。

あなたは息子が亡くなったときに勧められて「全財産を妻に相続させる」という遺言を作りました。二世帯住宅はあなたの妻の名義になります。

そのとき妻は80歳、お嫁さんは62歳で、妻とお嫁さんはその後も変わらずよい関係で生活しました。

その10年後に妻が亡くなります。それもお嫁さんが看取ってくれました。

妻は遺言を書くように周りからは勧められたのですが、あなたが亡くなった頃から認知症が出てしまい、遺言を残さずに亡くなります。

このとき妻の法定相続人は、娘1人です。

遺言がなければ、財産の全部が娘に相続されます。

二世帯住宅で長く暮らした息子のお嫁さんはゼロなのです。お嫁さんは何十年にわたって暮らした二世帯住宅に住むことができない場合があるのです。

息子の嫁を想定した「特別寄与料」の制度とは

相続法改正で、特別寄与料という制度が作られました。寄与分に似た制度です。

寄与分は相続人が亡くなった人に対し特別の寄与をした場合に認められるものでしたが、特別寄与料は相続人の配偶者、たとえば、息子のお嫁さんのような人を想定した制度です。

先の例で妻が遺言なしで亡くなると、これまで息子のお嫁さんが相続の場面で財産を得るのはとても難しかったのです。特別寄与料の制度を使えば、財産が一部お嫁さんに分けられるのです。

しかし、特別寄与料は、寄与分同様、認められにくいのではないかと思います。**特別寄与料は、**

お金をもらわずに家事を相当程度行ったような場合に認められます。

寄与分のところに書きましたが、話し相手になったり一緒に生活したりすることは、この場合評価の対象ではないのです。親にとって一緒に生活してくれることは、それ自体に大変価値のあることですが、民法はそれに対して財産を分けることはしないのです。

お嫁さんが実際に介護を相当にしてくれた場合は、特別寄与料が認められます。しかしそのような場合であっても、**二世帯住宅に引き続き住み続けられるような大きな特別寄与料が認められることは考えにくい**と思います。

そうすると、妻の相続人である娘さんの考えによっては、お嫁さんは結局、二世帯住宅を出なくてはいけなくなります。娘さんとしても自分が相続した二世帯住宅をお嫁さんにあげるというのは難しいと思います。

あなたやあなたの妻が長く一緒に生活してきた息子のお嫁さんに財産を残したいとして、特別寄与料の制度ができたからといって遺言がいらなくなったわけではないのです。

特別寄与料の制度は認められにくいので、このような場合はむしろ遺言を作るべきなのです。

大切なことがあります。あなたやあなたの妻がお嫁さんに面倒をみてもらうとき、既に物忘れがあったりすることも多いと思います。そうすると遺言が作れるとは限りません。

息子が亡くなってしばらくしたところで、お嫁さんに財産を残すかどうかを考えて、少し早めに遺言を作っておくべきです。

文例　相続権がない嫁に財産を残す遺言書

遺　言　書

1　埼玉県○○市○○×－×－×の自宅の土地建物を亡くなった長男一郎の妻一美に遺贈する。

2　そのほかのすべての財産を長女品川正子に相続させる。

2021年11月17日
埼玉県○○市○○×－×－×

田中春子 ㊞

1/1

まとめ

- 息子のお嫁さんは法定相続人ではない。
- 特別寄与料の制度ができたけれど、認められる場合は限られている。金額も大きくはなりにくい。
- 息子のお嫁さんに財産を残すためには遺言が必要。
- 家族に変化があったら、遺言を作ったり直したりすべきか考える。

CASE 9

お墓をめぐる争いを防ぐ

葬儀をどうするか、お墓をどうするかで、残された家族がもめる場合が多いです。財産とはまた別の話ですが、遺言に書いておくことで無用な争いはなくなります。

親の葬儀やお墓については感情面でぶつかりやすい

葬儀とお墓をめぐる争いは少なくありません。

「葬儀には参列したけれど、その後の法要に呼ばれなかった」

などという話を聞くと、わたしは、

「大変でしたね。そういう話はときどき聞きます」

と答えます。

相続財産をめぐる紛争と並んで、葬儀やお墓をめぐる争いごとが少なくないのです。

たとえば、父母と女の子2人の家族があります。お父さんは東北出身です。大学から東京に出てそのまま就職し、東京で結婚します。そのまま定年まで勤めて、再就職をし、それも勤め上げて82歳で東京で亡くなります。お葬式は東京で行いましたが、お父さんの実家は東北にあり、そこにお墓があります。

長女は、お骨は東北にある父の実家のお寺に納めようといいます。

しかし、二女は、遠方のお寺ではなくて、これを機に、いま住んでいる東京に墓地を買って、お墓を移すべきだといいます。

どちらも悪意があるわけではないのです。しかし、これがきっかけで関係が悪くなります。

お葬式をどう出すか、お墓をどうするか、財産と直接関係しなくても、感情が対立しやすい場面なのです。

この場面でも財産の紛争の場合と構造は同じです。

お墓についてどうするかを話し合って決める中で、争いになるのです。

遺言で祭祀主宰者の指定ができる

お墓についての争いは、遺言を作ることで、なくすことができます。

誰に任せるかを遺言で決めておくのです。民法では、お墓や祭具の相続は、財産の相続とは別とされています。

お墓を管理することを民法では「祭祀《さいし》を主宰すべき者」と呼びます。

祭祀を主宰すべき者は、「系譜、祭具及び墳墓」を引き継いで管理することになります。

遺言で長女を祭祀主宰者にする場合、お墓や位牌を長女が引き継ぎ、法事などをどのようにしていくかも長女が決めることになります。

ですから、希望については、長女にどうしてほしいかをよく話しておくのがよいと思います。そのために、祭祀主宰者は**自分が信頼できる人を選ぶ**のです。

お墓は長男に管理を引き継いでほしいけれど、自宅にある仏壇の位牌は妻に引き継いでほしいという場合もあるかもしれません。

その場合には、念のために、そのことを書いておくほうがよいかもしれません。

お墓の管理は費用がかかるため、引き継ぐ人にとっては負担にもなります。そのことも考えておくのがよいと思います。

独身の場合や子どもがいない場合は

あなたが独身の場合や夫婦に子どもがいない場合、財産は自分で使うことで残さないことができますが、お墓については、誰かにお願いするかどうかを考えることになります。

少子化社会です。独身の人や子どもがいない夫婦は、お墓を誰にゆだねるかが問題になってくると思います。

祭祀主宰者は親族でなくても構いません。引き継いでくれる人がいるのであれば、その人を指定しておくこともできます。遠縁の親類でなく、親しい友人にお願いしたいという場合には遺言にしておくほうがよいと思います。

財産が少ない場合でも、シンプル遺言は争いを防ぐことに役立ちますが、財産がゼロだったとしても、お墓を誰にゆだねるかを決めておくことがよい場合もあるのです。

葬儀の方法については少し事情が違います。葬儀の方法を遺言に書く人がいます。しかし、これは必ずしもよいとは思えません。

遺言はあなたが亡くなった後の慌ただしいときに、すぐに読まれるとは限らないからです。葬儀の方法について希望がある場合は、あらかじめ葬儀を任せたい人に具体的な希望を直接話しておきましょう。

その上で、その人にお墓を管理していってほしいという場合には、その人を「祭祀を主宰すべき者」にする遺言を書くのです。

文例　祭祀主宰者を指定する遺言書

遺　言　書

1　わたしは祭祀を主宰すべき者として長女中田里美を指定します。

2021年2月15日
神奈川県○○市○○×－×－×

遠藤進（印）

1/1

まとめ

- お墓についての争いは少なくない。
- 民法では、お墓や祭具の相続は、財産の相続とは別のものとされている。
- お葬式については、遺言に書くのではなく、生前にお願いしたい人に話しておく。

CASE 10

寄付や友人への遺贈

法定相続人がいなければ、財産は最終的に国が引き取ることになります。もし、第三者に遺贈あるいは寄付を考えている場合は遺言が必要です。

相続人がいない場合は、財産をどうしたいかを考える

日本では、親族以外に財産を残すことはありませんでした。

アメリカやイギリスでは寄付をする人が多くいます。亡くなった後に、自分の財産を、出身大学や公益事業を行う法人に遺贈する例が多いのです。日本では、これまでこういった寄付はあまり多くありませんでした。

しかし、日本でも、結婚しなかったり、離婚したりして、単身で子どももいない場合が増えています。

あなたが亡くなるときには父母は亡くなっている場合が多いでしょうから、兄弟姉妹がいなければ、法定相続人がいないことになります。

法定相続人がいない場合で、遺言がない場合、財産は最終的には国のものになりますが、その前に「特別縁故者」という制度があります。

亡くなった人に相続人がいない場合に、生前に関係の深かった人、身の回りの世話に尽くした人などのうち申し立てのあった人に対して、家庭裁

判所が決めた相続財産を与えるという制度です。財産の一部をあげる場合と相続財産全部をあげる場合とがあります。

しかし、この制度もあまり使われない制度です。1年に1000件程度しか使われません。

そうすると、亡くなった人の財産は最終的に国が引き取ります。国庫帰属といいます。

遺言を作らなければ、国に残すという選択をしたのと同じことになります。しかし、誰か別の人や団体に残すこともできるのです。

その場合は遺言が必要です。

第三者に財産を残す遺言はどういう内容にするかが難しいと思います。

しかし、今後、第三者に財産を残す遺言が増えていくと思います。

家族のあり方が変わってくる時代には、遺言のあり方も変わってくるのです。

弁護士をしていて、自分が亡くなった後、福祉事業に寄付をしたいという相談を受けることも出てきました。

あなたが作った財産です。

遺言がなければ、「国に全財産を遺贈する」という遺言があるのと同じことになりますが、**国に財産を残すことと、友人または、いとこ**（いとこは法定相続人ではありません）**などに遺贈することを比べて、どれがよいかを考えてみるとよいと思います。**

遺贈を受けてくれるか生前に確認しておく

友人や団体などの第三者に財産を残したい場合に気をつけるべきことはなんでしょうか。

あらかじめ相談しておくことです。

親族に財産を残す場合、親族だから残すのだと思います。

これに対して、第三者への遺贈の場合は、何か目的があることが多いように思います。

たとえば、集めてきた万年筆のコレクションを、万年筆コレクション仲間の友人に遺贈する、というようにです。また、研究をしてきた資料を、大学の研究所に遺贈するということもあるでしょう。

この場合に重要なのは、受け取ってもらえることです。

このような遺贈について、贈られた側はもらっても困るという場合があります。

そのような場合は、遺贈の放棄をすることになります。遺贈の放棄は簡単にできますので（もらう側としてはできなければ困ります）、受け取ってもらえないことのないように、遺言に書くだけでなく、そのことを先にその友人や大学などと相談しておく必要があるのです。

公益事業を行っているＮＰＯなどに寄付する場合も同じです。

現金で遺贈するのであれば、喜ばれるでしょうが、不動産やものの場合、貴重なものであったとしても、受け取った側では管理ができない、維持費がかかるといった理由で受け取ってもらえない場合があるのです。

寄付の場合も事前に寄付をしたい先に相談をしておくべきだと思います。

場合によっては、亡くなる前に寄付をしてしまう、ということも選択肢として、出てくると思います。

第三者に遺贈をするときは、誰に対するものかをはっきりさせるために、住所も書いておいたほうがよいでしょう。遺言書保管制度の申請書にも遺贈の相手の住所を書く欄があります。

文例　法定相続人がいないときの遺言書

遺　言　書

1　預金全部を従兄の佐藤信一に遺贈する。

2　わたしの持っていた万年筆全部を友人の山本みずえ（東京都○○区○○×－×－×）に遺贈する。

3　自宅にある室町時代の写本2冊（「○○○○」、「△△△△」）を講談大学文学部に遺贈する。

2021年11月15日
千葉県○○市○○○×－×－×

石井太郎 ㊞

1/1

まとめ

- 法定相続人がいない場合、遺言がないと、最終的には財産は国が受け取る。
- 遺言を作れば、法定相続人以外の親族、友人、大学、NPOなどに財産を残すことができる。
- 第三者に現金以外の財産を残す場合は事前に相談する。

CASE 11

遺品の整理をたのむ

骨董品や美術品、宝石など、高価なものを所有している場合は、遺言で誰に残すか指定し、思い出の品々は生前に整理をしておくようにしましょう。

「コレクションを譲られても維持費がかかって大変」

以前、旧家の蔵を見せてもらいました。大きな2階建ての蔵でした。木の階段をのぼって2階に上がると、薄暗い中にたくさんの四角いものが見えました。何十という桐のたんすが並んでいたのです。

江戸時代から、その家に嫁入り道具として持って来られたたんすでした。そのすべてが取ってあったのです。

そのほかに、「お膳」と書かれた箱や、「お椀」と書かれた箱がたくさんあります。その家では、かつて、婚礼やお葬式を自宅で行っていました。そのようなときのための食器が50組用意されていたのです。

見せてくれた方は、維持に費用もかかり、このまま残していけるか心配であるといいました。

別のお宅では、ルノアールやピカソの絵を見たこともあります。その家の何代か前に絵画のコレクターがいたのです。自宅には、大きな額ごと箱に入れられた絵が何十もしまってあるのです。

これも、維持するのは大変です。温度や湿度が管理できる部屋は、電気代が1ヵ月に数万円かかるのです。

これらは、法律上は「動産」と呼ばれます。相続をたくさん見ますが、価値のある動産はごくわずかです。

デパートで買えば１００万円はするような絵画も、美術品業者に引き取ってもらうと数千円ということがよくあるのです。

したがって、動産を持つことは、多くの場合、維持費のかかる分だけ、経済的に負担になるのです。

自分のものは、できるだけ自分で整理を

そこまで高価なものでなくても、品物をたくさん持っている人がいます。

趣味のコレクションや研究の資料は、価値をわかってくれる人に引き継いでもらうのがよい場合もあるでしょう。そういう場合は、生前に相談すべきであると書きました。

問題は純粋な「思い出の品物」です。

たとえば、自分が子どもの頃の教科書から、自分の子どもの描いた絵まで、すべてを取っておく人がいます。これも法律では動産です。

どれも、自分にとっては大切な品々です。片づけるといっても、簡単ではありません。

しかし、これらについては、できる限り生前に整理をすべきであると思います。

あなたが亡くなった後、思い出の品物を整理するのは、あなたの相続人にとっては経済的にも心理的にも負担になるからです。

相続した自宅を売ることになり、大量の思い出

の品を廃棄物として業者に引き取ってもらわなければならないことがあります。自分の品物です。先送りせず、できるだけ自分のところで整理するのがよいと思います。

動産を遺言書で相続させる場合は

それでも、どうしても整理ができない場合があります。そのときは、誰かに相続させることになります。

自宅にある思い出の品々のような動産については、遺言に、自宅を残す人に相続させると念のため書いておくことにします。

お金にはならない思い出の品物についても、遺言に書いていなければ、相続人全員の同意がなければ法律上売ったり捨てたりができなくなるからです。

価値の低いものをめぐって予想外の争いが起きるのが相続なのです。

ただし、亡くなった後に残してほしいものがあるのであれば、遺言に書くだけでなく、生前によく話しておくべきです。

遺言に書けるのは動産としての財産の行き先です。思い出の品々に対するあなたの思いは遺言に書ききることはできません。

動産には本も含まれます。有名な学者が亡くなると、その学者が生前に集めた本が散逸してしまう、という話を聞きます。

本のコレクションというのは、必要な人にとっては価値があるものですが、その分野に興味がない相続人にとっては、保管にも処分にも費用のかかる困った動産なのです。

文例 動産を含めて相続させる遺言書

遺　言　書

1　東京都○○区○○×－×－×の自宅の土地建物を長女佐藤和子に相続させる。

2　自宅にある動産全部を長女佐藤和子に相続させる。

3　預貯金全部を二女青木信子に相続させる。

4　そのほかのすべての財産を長女佐藤和子に相続させる。

2021年1月30日
東京都○○区○○×－×－×

田村喜子 ㊞

1/1

まとめ

- 絵画や思い出の品物などは法律上「動産」と呼ばれる。
- 動産は経済的には価値がない場合が多く、かえって処分に費用がかかることが多い。
- できる限り生前に整理すべき。
- 整理できない場合は、事前に相談した上で誰かに引き継いでもらう。

CASE 12

音信不通の子がいる

法定相続人の中に行方がわからない人がいると、遺産分割が進まず、残された家族が困ってしまいます。遺言を書いておきましょう。

『相続人がそろわなければ、遺産分割の話し合いができない』

音信不通の子がいるということがあります。長期間連絡を取っていなくて、連絡先がわからないというような場合です。

法定相続人に連絡先がわからない人がいる場合は、財産が少なくても、遺言を書くべきです。

たとえば、あなたが地方の築40年の一戸建てで暮らしているとします。建物は古いので価値はほとんどありません。土地の価値もそれほど大きくはありません。預金は多少ありますが、徐々に減ってゆき、現在は年金生活です。

あなたには妻と子どもが3人います。妻とは一緒に住んでいます。

長男は東京に、三男は名古屋に住んでいて行き来がありますが、二男とは随分前に事情があって仲たがいをしてしまい、10年以上連絡を取っていません。

大阪に住んでいるというのは聞いたことがありますが、現在の正確な住所はわからず、電話番号もわからない状態です。

シンプル遺言では、財産が少なくても、遺言を書いたほうがよいのですが、これは特にその必要性が高い例だと思います。

基本に戻って考えます。遺言がないと話し合い（遺産分割）になります。話し合いになった場合を想像するのです。

遺産分割の話し合いはいろいろな場面で大変だと書きました。財産の分け方の話し合いが感情的な対立になりやすいからです。

しかし、**相続人の中に音信不通の子どもがいる場合、そもそも話し合いができない**のです。

この例で、あなたが遺言なしで亡くなったとします。

妻、長男と三男で話をして、あなたの自宅については妻が引き継ぐことにしたとしましょう。しかし、音信不通の二男抜きで遺産分割協議を成立させることは法律上できないのです。**遺産分割は相続人全員で行う必要があると民法が決めている**からです。

妻が自宅に住んでいるうちはすぐには困りません。しかし、自宅を売ろうとすると、妻と、長男、三男に異論がなくても、二男がいないので、売ることができないのです。

「遺言書があれば、余計な手間がかからずにすむ」

この場合に、どうしても遺産分割をするためには、**不在者財産管理人を家庭裁判所に決めてもらう必要があります**。

不在者財産管理人は音信不通の二男の代わりになる人です。二男の代わりの不在者財産管理人に入ってもらって、家庭裁判所の許可を得て、遺産分割を行うことになります。

不在者財産管理人の手続きには、費用と手間がかかります。

この場合に遺言があって、「自宅の土地と建物を妻に相続させる」と書いておけば、このような手続きの必要がなくなるのです。

このような場合、財産がそれほど多くないときは、二男には何も残さなくてもよいと思います。遺留分については、もし請求されたらそのときに対応を考えることで十分だからです。

ただし、あなたにそれなりの財産がある場合には、遺留分の請求があった場合のことも一応考えておくべきでしょう。

あなたの亡くなった後に、音信不通になっている二男から、妻、長男、三男に対して遺留分の請求があった場合、話し合いをするのは、やはり大変だからです。そういう場合は専門家に相談します。弁護士がよいと思います。

二男を相続人から外してしまうことができる「推定相続人の廃除」という制度がある、と聞いたことがあるかもしれません。

しかし、それを自分の考えだけで遺言に書くことは避けるべきです。

推定相続人の廃除は全国で年間数十件しか認められていません。ほとんど使われていない制度なのです。そのような特殊な方法を使うことは、専門家に相談しなくてはできません。遺言に「推定相続人の廃除」を書くということはすべきではないのです。

自分で遺言を作る場合には、間違いのない、シンプルな方法で書くべきなのです。

文例　行方不明の二男を除いた遺言書

遺　言　書

1　秋田県○○市○○○×－×－×の自宅の土地建物を妻秋子に相続させる。

2　預金のうち500万円を長男和男に相続させる。

3　預金のうち500万円を三男大介に相続させる。

4　そのほかのすべての財産を妻秋子に相続させる。

2021年1月15日
秋田県○○市○○○×－×－×

市村次郎

1/1

まとめ

- 音信不通の子どもがいる場合には、遺言を作る必要性が高い。
- 財産が少ない場合は遺留分については考えなくてよい。
- 財産が多い場合は専門家に相談する。
- 推定相続人の廃除のような特殊な制度は、自分の考えだけで遺言に書くことは避ける。

CASE 13

ペットの心配

ペットを我が子同然に育てている人も少なくないでしょう。
自分の死後、大切なペットの世話を誰に頼むべきかきちんと考えていますか？

『ペットは、法律上は「所有物」と考えられる』

猫を1匹と犬を1匹飼っているとします。

あなたは81歳です。まだまだ元気なつもりです。犬の散歩には朝夕行っています。

しかし、万が一のことがあったときに猫と犬のことが心配です。

あなたが亡くなった後のペットの生活を守るために、財産を残したいと考えます。

この本をここまで読んできた方は、ペットは法定相続人ではないので遺贈になると思われるかもしれません。

しかし、ペットに遺贈はできないのです。民法は、動物への遺贈を認めていません。

ペットは「人」でないからです。

民法は、人が権利の主体になると定めています。人でない生物は財産を持つことができないのです。

ペットと暮らしている人にとっては、ペットは家族です。人よりも近い存在の場合もあります。

でも、財産を持つ権利はないのです。

会社はどうなんだろうと思った人は鋭い人です。

会社は、生きていません。しかし、法人名義の銀行口座を開設することができます。

会社名義の銀行口座は作れて、猫名義の銀行口座が作れないのはどうしてでしょうか。

会社のような法人は、法律が特別に認めた「人」なのです。それで「法人」といいます。法律では生身の人間を法人と区別して「自然人」といいます。

だから、法人は、人として財産を持つことができるのです。法人への遺贈もできます。しかし、残念ながら猫や犬への遺贈はできないのです。

「負担付き相続」が成立する条件は

では、あなたが亡くなったとき、猫と犬についてはどうしたらいいでしょうか。

あなたの亡くなった後は、誰かに面倒をみてもらわなければいけません。最近はペットが増えてきているので、法律家もこれに、いろいろな工夫を考えています。

「負担付き相続させる遺言」「負担付き遺贈」という制度を使う方法が考えられます。

負担付き相続させる遺言、負担付き遺贈というのは、遺言でお金を残す代わりに何かをしてもらうことを条件にするという制度です。

契約に少し似ています。

たとえば、あなたの長女に５００万円を相続させる代わりに、猫の面倒を一生みるようにという条件をつけるのです。

友人に２００万円を遺贈する代わりに、犬の面倒を一生みるようにという条件をつけることもできます。

これは現在の民法の中での工夫です。

しかし、大切なのは誰に任せるかです。

負担付き相続させる遺言、負担付き遺贈は契約と似た制度ですが、「契約違反」があった場合（猫や犬がきちんと面倒をみてもらえなかった場合）に、それを防ぐ方法が十分ではないからです。

あなたが長女に５００万円を相続させる代わりに、残された妻（長女の母）の面倒を一生みるようにという条件をつけた場合、妻は条件が守られなければ、家庭裁判所に遺言のその部分を取り消すように求めることができます。

しかし、猫と犬がそれをするのは困難です。もっと複雑な仕組みを使うことも考えられますが、専門家に依頼する必要があるため、その費用は高額になってしまいます。

契約をする場合、どういう契約をするかは重要ですが、それ以上に誰と契約をするかがとても重要なのです。金額の小さい場合は特にそういえるのです。

亡くなった後にペットの面倒をみますという人と契約をする際は、その人が十分信用できる場合に、初めて契約の内容が意味を持ってくるのです。負担付き相続させる遺言、負担付き遺贈でも同じです。

まずは、あなたが信頼できる人を探さなくてはいけません。

民事信託にも同じことがいえるのですが、相続の場面では信頼できる人を探すことがポイントになる場面がいくつかあります。

信頼できる人が見つけられて、初めて「負担付き相続させる遺言」「負担付き遺贈」という方法を考えます。

現在の民法は人間の場合ほど、猫や犬のことを考えて作られていません。残された犬や猫の生活は、誰にお願いするか、にかかっているのです。

文例 ペットの世話を相続人に頼む遺言書

遺　言　書

1　預金全部を長女田中正子に相続させる。
ただし、私の飼っている猫きなこと、犬くるみを最期まで大切に飼うこと。

2　自宅の土地建物を長男一郎に相続させる。

3　そのほかのすべての財産を長女田中正子に相続させる。

2021年12月1日
茨城県○○市○○×－×－×

山田信子 ㊞

1/1

まとめ

- ペットに直接財産を残すことはできない。
- 負担付き相続させる遺言、負担付き遺贈を使う方法も考えられる。ただし、ペットの面倒をきちんとみてもらえるか、チェックが難しい。
- 信頼できる人を探さなくてはいけない。

CASE 14

妻に自宅を残したい

法改正で新設された「配偶者居住権」ですが、遺言書を残すのであればこの制度は使わず、シンプルに考えることをおすすめします。

「配偶者居住権」はあくまでも選択肢のひとつにすぎない

自分が亡くなった後、自宅を配偶者に残したいと思う人が多いと思います。

相続法改正で、配偶者居住権という制度ができました。2020年4月1日以降に亡くなった人の相続で使うことができます。

たとえば、自宅の土地と建物は子どもに相続をさせて、妻には**自宅に住む権利だけを相続させるという制度**です。

自宅は子どものものになりますが、妻はそこに住む権利を得るわけです。

具体的に考えます。

あなたに妻と長男がいるとします。あなたの財産は自宅の土地（2000万円くらい）、建物（築25年で300万円くらいとします）と預金2000万円、株式1000万円です。

この場合、妻には亡くなるまでその家に住める「配偶者居住権」と預金2000万円を、長男には自宅の土地と建物の「所有権」と株式1000万円、というように分けることができるようになっ

【図1】 配偶者居住権を使う場合の一例

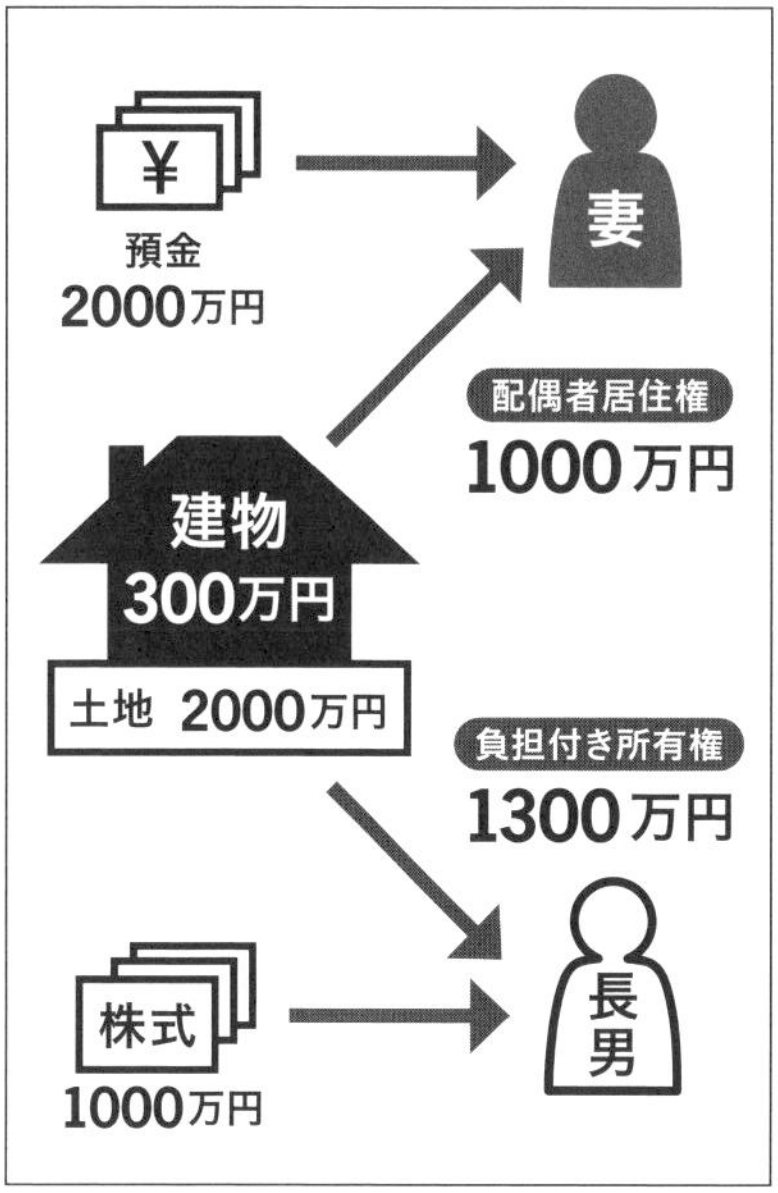

【図2】 配偶者居住権を使わない場合の一例

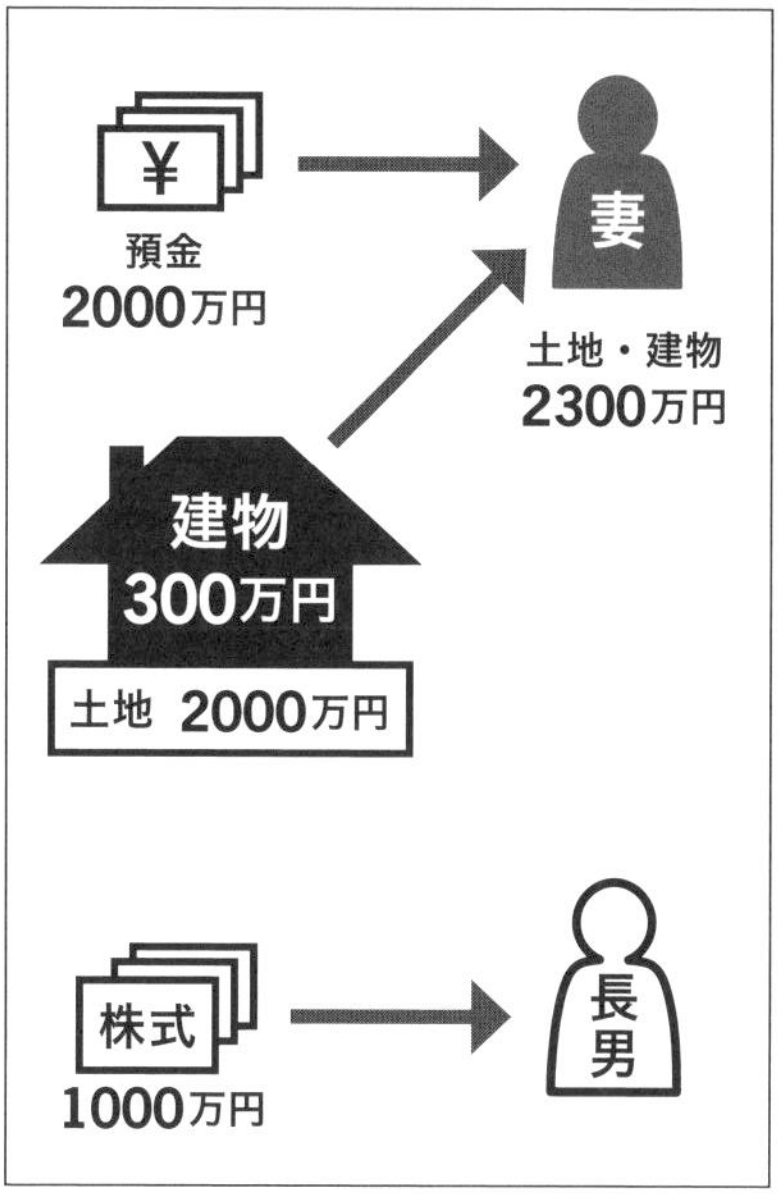

たのです。**（図1参照）**

長男は、自宅をもらいます。妻の存命中は使うことはできませんので、実際にもらう価値は土地建物の値段を足した２３００万円より少ないことになります。そして、妻が亡くなった後は長男が自宅を自由に使えるようになります。これが新しくできた制度です。

しかし、シンプル遺言では配偶者居住権をおすすめしません。

妻の生活が心配なのであれば、自宅の所有権を妻に相続させればよいのです。（図2参照）

あえて、所有権と居住権を切り離す必要はありません。その後のことは、また妻が遺言を作ればよいのです。相続税の考慮等の他の目的で配偶者居住権を使いたい場合は、専門家に相談してからにするのがよいと思います。

不動産の登記については専門家に相談を

自宅を妻に残す場合のように、不動産についての遺言を書くときに、「登記ができますか」と聞く人がいます。

シンプル遺言では、遺言書で登記ができるかどうかも、重視しないことにしました。

登記は難しいのです。その遺言書だけで法務局が登記を受け付けてくれるかどうかは、普通の人が自分で判断することはできないと考えます。

むしろ大切なのは、**何が対象になっているかが明確であること**、だと思います。

「神奈川県○○市○○×-×-×の自宅の土地建物を妻に相続させる」

と自宅の住所が書いてある場合、そこに実際に住んでいるのであれば、誤解の余地はありません。それで十分なのです。

いろいろな専門家が遺言のアドバイスをしています。遺言には自宅の住所でなく地番を書くべきだという司法書士がいます。司法書士は登記が仕事です。遺言を見たときに登記ができるかどうかが気になります。税理士は税金が仕事です。遺言を見たときに税金のことが気になります。生命保険会社の人は保険のことが、建設会社の人は家のことが気になるのです。

しかし、弁護士のわたしが一番気になるのは争いになるかどうかです。

シンプル遺言は、あなたが亡くなった後の争いを避けるのが一番の目的です。

争いを避けるために必要な遺言が書ければ、十分であると思うのです。

文例　妻に自宅を相続させる遺言書

遺　言　書

1　神奈川県○○市○○×－×－×の自宅の土地建物を妻幸子に相続させる。

2　岐阜県○○市○○×－×－×の実家の土地建物を長男勇一に相続させる。

3　預金全部を妻幸子に相続させる。

4　株式・投資信託等有価証券の全部を長男勇一に相続させる。

5　その他のすべての財産を妻幸子に相続させる。

2021年8月15日
神奈川県○○市○○×－×－×

中山一男

1/1

まとめ

- 妻に自宅を残したい場合、配偶者居住権ではなく、自宅の土地建物を妻に残すのがよい。
- 配偶者居住権を使う場合は専門家に相談する。
- それだけで登記ができる遺言を自分で作るのは難しい。
- 財産が明確なことが大切。

対談

民法改正により遺言のハードルが低くなった

元裁判官・松原正明先生

家裁は将来に向かうための裁判所

竹内　松原先生は、35年間裁判官をされて、相続法に通じた裁判官として知られていたと思うのですが、そもそも、どうして相続に興味を持たれたのですか？

松原　松山地裁と宇都宮地裁に勤務して、次が東京ということになって、実家が東京なので、うれしかったのですが、しかし、地方裁判所でなく家庭裁判所に配属になったのですね。地裁で訴訟事件を担当したかったこともあって、そのときは少しがっかりした覚えがあります（笑）。

竹内　最初から家事事件に関心があったわけではないと。

松原　そうそう。でも、行ってみたら、意外でしたが、家事事件には訴訟事件と違う面白さがあると感じました。

竹内　どの辺りが面白かったのですか？

松原　たとえば、離婚の話ですが、家裁では子の親権者を決めることがあります。両親のうちどちらが子の将来にとってふさわしいかという問題ですね。将来に向けてどうするのがよいかを決める。地裁では、過去に起こったこと、たとえば金銭を貸したかどうかを問題にしますが、家裁で

▶ Profile

1950年生まれ。1979年裁判官任官。元東京家裁、横浜家裁部総括判事。前早稲田大学大学院法務研究科教授。弁護士。著書に『全訂 判例先例相続法』Ⅰ～Ⅴ。

は将来のことを考える。そこに地裁とは違ったやりがいもあり、面白さもあるといったところでしょうか。

竹内　今回の本は、簡単にいうと「遺言を書いてはどうでしょうか」という本なんです。日本人は、諸外国に比べて遺言を書いてこなかったと思うんです。日本人が遺言を書いてこなかったのはどうしてだと思いますか？

松原　日本でも江戸時代は盛んに遺言がなされたといわれています。必ずしも文書による遺言ではなかったようですが。ところが、明治になってから、民法が制定されて、原則として、単独相続である家督相続が採用されたことが理由のひとつではないかと思います。

竹内　いわゆる家制度ですね。そうすると、日本人に家督相続でない相続が広がったのは、戦後に民法が改正されて以後ということですね。まだ歴史が短いということですか。

松原　そうですね。

自分の財産の始末は自分でつけたほうがいい

竹内　先生は裁判官として、遺産分割をたくさん扱ってきたと思うんですけど、弁護士から見ると、遺産分割って大変だなという印象なんですね。時間と手間がものすごくかかる。この辺はどうお思いでしょうか？

松原　わたしは東京家裁の遺産分割部で仕事をしていましたが、同じ感想を持ちます。遺産分割事件は家裁の中でも、最も解決が難しい事件のひとつで、理由は、当事者が多いということと、意見の対立が激しいことでしょうか。もし遺言書がきちんと書かれていれば、遺言書どおりに遺産をもらうことになりますから、遺産分割で相続人が長期間争うなんてことはない。

竹内　争いにならなかったとしても、どう分けるかというのは大変なのではないかと思うんです。

松原　具体的な財産の配分のことですね。話し合ってひとつひとつ決めなくてはいけない。

竹内　この本のメッセージとして、亡くなる人が遺言で決めておいてあげたほうがよいと書いたのですけど。

松原　それはそのとおりですね。

竹内　ただ、書く側としては、どういうふうに分けるのがよいのだろうかと悩むところもあると思うんですね。それで書けないまま亡くなってしまう方もいるのではないかと。

松原　他方で、そもそも、相続財産というのは亡くなる人が自分で作った財産なんですね。だから、亡くなった後に処分をどうすべきかは自分で考えるべきことだということもいえると思います。

竹内　自身の財産だから自分で決めなさいということですね。

松原　自分の財産だからよくわかるというところもあると思うのですね。たとえば、夫婦で築いた財産と先祖代々の財産とがあるとして、夫婦2人で作ったものは、自分が死んだら、配偶者が生活に困らないように配偶者に渡したいと。他方、先祖から引き継いだ財産は子どもに引き継がせるという考え方もあると思うのです。自分の財産をよく知っているのは亡くなる本人ですから、やはり自分で遺言を作って決めるのが一番いいんだろうと思います。

竹内　遺言がない場合、民法に法定相続が決められている。この本を書いていて、法定相続か遺言かという選択になるのではないかと思ったのですが。

松原　（法定相続の）相続分は割合だけなんですね。具体的にどの財産を誰にあげたいということは書かれていない。

竹内　遺言でも指定相続分を決めることはできるわけですけれども、基本的には一個一個のものを誰に残していくのかっていうのを決めるってことになるのでしょうか。

松原　普通はそう考えるんじゃないでしょうか。この財産は誰にあげたいというように。

もめないポイントは簡明に書くことと、相続人に話しておくこと

竹内　先生は裁判官として裁判所で遺言書も多く見てこられたと思うんですけれども、自筆で書く場合、遺言を初めて書く人にとっては、難しいと思うんですけれども、まず気をつけなければいけないところは、どの辺りだと思いますか。

松原　まず自筆で書くならば、簡明に書かなきゃいけません。先ほどのように、たとえばいくつか財産があって、これは誰に、これは誰にというふうに書くのがいいのではないかな

と思います。１人に全部でもいいけれど、そうすると後で遺留分とか、いろいろな問題が出ますから。財産が複数あって相続人が複数いる場合、これは誰に、と具体的に簡明に書くことが大事です。

竹内　どういうものは簡明ではないということになるのでしょうか。

松原　たとえば遺言執行者が必要になってくるような遺言ですね。この不動産を売ってこの比率で分けなさいということになると、遺言執行者が必要になりますから。そうなると誰かに見てもらわなければいけない。執行者を決めなきゃいけない。

竹内　そういうものはやっぱり自分で書くのは、なかなか難しいってことになりますね。遺言執行者が必要な遺言かどうかという判断も難しいわけだけれども、ひとつ基準になりますか？

松原　そうですね。

竹内　遺言能力についてはどう思われますか？

松原　遺言書でたくさん事件をやってきましたが、遺言が無効だということで争われるわけですよ。争いは大きく２つあって、ひとつは本人が書いたものでないという主張。まあ本人が書いたかどうかは筆跡なんかできっちり調べられるんですけど。それから難しいのが本人が書いたけれど能力がないっていうものですね。誰かに無理にいわれて書いたとか、財産をくれくれいわれるからしょうがなく書いたもので本心じゃないんだという。こういう争いが生まれるわけです。やはり、遺言書を書く以上、ここの手当ては必要だと思います。

竹内　能力がないというのは、認知症などで判断力が衰えているご高齢の方とかですね。たとえば、相続人の１人に「お母さんこのとおりに書いてよ」と書かされてしまう。そういうことが自筆の場合はあるということですね。そこは気をつける必要があるわけですが、具体的にはどういうふうに気をつけていったらいいんでしょうか？

松原　遺言書は、書いたら中身は、相続人に伝えておくべきです。「こう書いたよ」といっておく。わたしは検認の手続きをやっていましたが、

検認は（被相続人の死後に）出てきた自筆の遺言書を相続人に見てもらって意見を聞くんですね。そうすると「お父さん、前いってたとおりに書いてるわ」などという人が出てくる。それは本当っぽいんですね。前いっていたとおりに書いているとなると。そういうことであれば、書いた段階で話しておくのも悪くないんじゃないかと。つらいところもあるかもしれませんが、でも、いえるような遺言書を書くべき、ということでもあると思います。他の人にいえないような遺言書を書くと、もめやすいです。

書くタイミングは人それぞれ

竹内　遺言を書く時期も、難しいところだと思います。

松原　自分の財産がおおむね確定したときじゃないでしょうか。これから財産が変動する可能性がある場合には作成は難しいように思います。

竹内　たとえば不動産を買ったとかですね。

松原　そうですね。ただ、遺言書を書く人のなかには、財産がたくさんあるわけではないけれども、自分が死ぬまでにきちんと整理しておきたいという人も少なくないでしょう。相続人がいない場合や、いるけれども疎遠だという場合などですね。これからは、そのような人が増えるのではないでしょうか。相続人がいない場合でも、自分が作った財産ですから、国庫に入ってしまうよりは、自分がその活動に賛同していたＮＰＯ法人に寄付するとか、自分が生前お世話になった人にあげたいとかいうことがあるんだったら、そういう遺言書を書いたらよいと思います。財産が多額でないなら、公正証書遺言にしたり、弁護士に頼んだりする必要もないと思うんです。そういう人には簡明な遺言書がふさわしいと思います。遺言書保管制度ができましたので、一層それがいえると思います。

竹内　子どもがいない夫婦だとか、結婚していない方だとか、だんだん増えてきていると思いますが、そ

ういう人は今の民法だと、遺言がない場合、最終的には国庫に財産が行ってしまうわけです。けれども、その人たちとしても、自分の財産だから行き先は自分で決めたらどうだろうかということですね。

松原　独身の女性が何人か、仲良しで一緒に住んでいるという方もいらっしゃいますね。

竹内　ルームシェアですか。

松原　そういう人たちは相続人じゃありませんから、遺産をあげるためには、遺言書を書くしかありません。ぜひ書いたほうがよい。

竹内　相続人がいない場合、相続で誰が困るというわけではないんだけれども、そういう人が遺言を書く意味があるということですね。

松原　そういう人は考えていると思います。自分が作った財産は自分が死んだらどうなるかとか、お墓もこうしてもらいたいとか。

遺言を書く前に考えておきたいこと

竹内　遺言を作ったのに争いごとが起きる場合がありますよね。多いのは遺留分の争いですが、遺留分って難しい制度で、なかなかわかってもらえません。遺留分と遺言については、先生はどうお考えになっていますか？

松原　遺留分は、遺産分割以上に難しい争いになる場合もあるので、考えておく必要はあるでしょう。難しい問題ですけれど。

竹内　遺留分を侵害しないような遺言のほうがいいんでしょうか。

松原　状況によりますね。配偶者と子どもがいて、配偶者の生活への配慮から、全財産を配偶者に渡す必要があって、そのような遺言書を書くとします。その場合、生前に、お子さんに対して、「わたしが死んだときは、財産はすべてお母さんにあげるから、お前たちは、お母さんが亡くなったときに全部もらいなさい」ということを伝えておくこともよいでしょう。それを事前に伝えて、それでも遺留分というならそれは仕方がないと。

竹内　相続法改正で、遺留分が金銭債権に変わりお金だけの問題になったので、前よりは遺留分のことを気にしなくてもよくなりました。

松原　それはあります。

竹内　それから、遺言は、財産の事項以外にもいろいろなことができるわけですけれども、現実的によく使われるのが、お墓を誰に残すかという祭祀承継なのかなと思います。

松原　祭祀承継というのは、先祖代々のお墓、位牌や仏壇は誰が引き継ぐかという問題です。これは相続とは別の制度とされています。相続は相続人が複数いたら共同相続ですが、祭祀承継はその場合でも原則として１人が引き継ぎます。以前はお墓を誰が引き継ぐかは重要な問題でした。家制度のなごりですね。しかし、現在ではそのような意識は薄くなり、お墓を承継することがむしろ負担になるとさえいわれています。

竹内　だんだん文化も変わっていくというところがあるんですか。

松原　負担をかけたくないということであれば、祭祀主宰者を決めなくてもよいのではないでしょうか。

竹内　何も書かなければ承継しないわけですからね。

松原　そのとおりです。遺言書とは別に、生前にお寺などと決めておくこともよいでしょう。

竹内　財産事項と祭祀承継以外の遺言として認知はいかがですか？

松原　ほとんど見たことがないですね。

竹内　そのほかにも、たとえばこの本で第４章にありますが（Ｐ１０８）、離婚したシングルマザーのお母さんががんの告知を受けましたと。そして子どもがそんなに大きくないときは、子どものことを考えておかなければいけないと思うんです。

松原　おっしゃるとおりです。実際にはそこまではあまり考えていない人が多いと思いますが、遺言書を書くべきでしょう。いざというときには子の面倒をみてくれる人が必要になります。母は、その人を遺言書で決めておくことができます。離婚の場合は子どもの父や、祖父母などが候補者でしょうか。どの人がふさわしいかは、これまで未成年者を育ててきた母が最もよくわかっているはずで、意見がないということはないと思うんですね。遺言を書かなければ、裁判所が残された親族の意見を聞くなどして決めることになりますが、よくわかっているお母さんが決めたほうがよい場合も多いと思うんです。

竹内　未成年後見人は祖父母がいいのか、あるいは離婚したけれど父親がいいのかということですね。

松原　そうです。子どものことは財産より大事ですから。

竹内　わたしもそう思います。きょうはありがとうございました。

第4章

専門家に相談すべきケース

CASE 1

未成年の子がいる

夫（妻）がなく、未成年の子どもを残して亡くなる事態に備える場合、財産のことよりも、子どもの生活のことを具体的に考えておきます。

未成年の子は養育のため後見人を決める必要がある

あなたが45歳のシングルマザーで、14歳で中学２年生の長女と２人暮らしをしているとします。会社の健康診断で再検査になり、総合病院に行ったところ、悪性腫瘍が発見されました。これから治療をしていきますが、万一のときに備えて遺言を作ることを考えました。

あなたには３５００万円のマンションと３５０万円の預金がありますが、マンションはまだローンが２０００万円残っています。また、３０００万円の生命保険に入っていて、受取人は長女になっています。

この場合、法定相続人は長女１人です。

遺言がなくても、全財産が長女に相続されます。遺言がなくてもよさそうです。

しかし、３年後にあなたが亡くなったとして、そのときに17歳の長女が自分１人で生活していくのは多くの場合難しいのです。

未成年者は相続の手続きを自分ですることもできません。では、どのような遺言を作ればよいでしょうか。

このような場合の遺言は、第3章で見てきた財産の分け方についてのものとは少し異なります。はじめに考えるのは、自分に万一のことがあったとき、長女がどこで、誰と生活するかということです。具体的にイメージしてみます。

たとえば、あなたが東京に住んでいて、実家も東京にある場合、長女はあなたの実家であなたの父母と一緒に生活するのがよいかもしれません。

その場合は、遺言で、長女の未成年後見人として自分の父や母（長女から見た祖父や祖母）を指定しておくことが考えられます。

生前に養子縁組をする選択肢もある

弁護士としては、あなたの生前にあなたの長女とあなたの父母とで養子縁組をしてはどうか、と助言することもあると思います。養子縁組をすると、長女の親権者があなたの父母になるため、あなたが亡くなったときに長女の相続の手続きを含めて、あなたの父母が行うことができるようになるからです。あなたが治療で長期間入院することになったときにも、長女の面倒をみて、学校の手続きをあなたの父母が長女の養親として行うことができます。

このように、未成年の子がいる場合、遺言は、長女の面倒をきちんとみていくための、いくつかの法制度の中のひとつに過ぎません。

長女の生活をどのようにしていくのが、長女のために一番よいのかをよく考えて、その中のひとつとして必要に応じて遺言を作成するのです。

いろいろなことを同時に考えなければいけないケースです。こういう場合は、弁護士と相談しながら、あなたが亡くなった後の長女の生活を考えていくべきなのです。

CASE 2

事業をしている

会社の経営を誰に引き継ぐかは大きな問題です。遺言を残せばすむ話ではなく、生前から専門家に相談をする必要があります。

専門家によって注意するポイントが異なる

経営者や地主さんの遺産分割の紛争をたくさん見ます。

遺言があっても紛争になることがあります。多いのは、極端な相続対策をしている場合です。相続の準備をすることが、かえって争いを生む場合があるのです。

前にも書きましたが、遺言を作るとき、弁護士と税理士と司法書士では見るポイントが違います。

弁護士は、紛争になるかどうか、紛争になるとしたらどのポイントが争われるのかを考えます。税理士は、相続税の金額や税務署がどこを指摘するかを考えます。優秀な税理士は、次の世代の相続の税額も常に考えています。そして、司法書士は登記できるかを考えることが多いように思います。弁護士、税理士、司法書士、それぞれ、自分の仕事の視点から遺言を見るのです。

たとえば、現金1億円を残して亡くなったときと、亡くなる直前に1億円で新築の住宅を買って亡くなったときでは、多くの場合、住宅を買ったほうが相続税は少なくなります。

しかし、現金は複数の相続人で分けられますが、住宅は分けられないので、争いになる可能性は高くなるのです。いったん争いになると、住宅の評価をめぐる対立も生じ、解決も難しくなります。

大きな相続は、弁護士＋税理士に依頼

経営者が税理士に相続対策を依頼するとき、一番相続税が少なくなるようにアドバイスを求める場合があります。このとき、自分の妻と子どもの間で争いになるとは思わないのです。

弁護士に相続の準備を依頼する場合もあります。自分の作った会社を後継者の長男に残すことを考えます。経営には資金も必要なため、できるだけ会社に資金を残すようにします。会社のことを一番に考えているのです。このときも、結婚した長女が跡取りの長男と争うとは思いません。しかし、実際は、長女は不公平だと感じるのです。

大切なことは2つあります。

ひとつ目は資産の大きい相続の準備を専門家に依頼する場合は、弁護士と税理士のチームに依頼することです。わたしは弁護士なので、相続税については、信頼している相続税専門の税理士に必ず確認します。そして、相続税専門の税理士は、遺言でわからないことがあると、わたしにメールを送ってくるのです。チームで検討することによって、相続税を少なくすることと争いを防ぐことのバランスを取っていくのです。

2つ目はやりすぎないことです。

相続の準備はバランスが大切です。極端にすればするほど、問題が起きる可能性が高まります。

それから、忘れてはいけないのは「農地」です。農地は法律面でも税金の面でも仕組みが複雑です。特に都市部に農地がある場合、必ず専門家に相談すべきです。

CASE 3

遺言執行者が必要

争いが起きそうな場合、法定相続人以外に財産を残したい場合、現金化して財産を分けてほしい場合には、遺言執行者を決めておく必要があります。

遺言執行者は絶対に必要というわけではない

「遺言執行者」は必要でしょうか。

シンプル遺言では遺言執行者の指定はしていません。まず、遺言執行者は、絶対に必要というわけではないのです。

たとえば、「自宅の土地建物を妻に相続させる。預金全部を妻に相続させる。実家の土地建物を長男に相続させる。株式全部を長女に相続させる」という遺言を書いたとします。十分な遺言です。

この遺言には、遺言執行者は必要ありません。

不動産の相続登記の手続きや銀行、証券会社の口座の名義を書き換える手続きが必要ですが、それは、妻、長男、長女が自分ですることができます。

登記や銀行や証券会社の手続きは少し大変なので、弁護士や税理士、信託銀行を遺言執行者に指定しておけば安心ですが、しかし、遺言執行は、比較的大きい費用がかかります。

弁護士、税理士や信託銀行に依頼して公正証書遺言を作る費用は、公証人の手数料を入れても15万円から30万円くらいが多いように思いますが、遺言執行の費用は多くの場合１００万円以上かかります。一般的に、遺言の作成に比べて遺言執行は費用が多くかかるのです。

ですので、費用面からいうと、遺言執行でなく、まずは遺言の作成を相談するのがよいのです。

遺言執行者は専門家を指名したほうがいい

他方で、遺言執行者を決めておいたほうがよい場合があります。どういう場合でしょうか。

ひとつは、既に争いが生じている場合です。

遺言を作るときに、あなたと法定相続人の長男の仲が悪かったり、長男と長女が仲が悪かったりする場合です。こういう場合は、争いが起きやすいので、簡単な内容でも遺言について専門家に相談し、念のため遺言執行者を依頼しておくのがよいと思います。

ただし、既に争いがある場合、信託銀行は遺言執行を引き受けてくれないことが多いので、その点は注意が必要です。

２つ目は、法定相続人以外の人に大きい財産を残す場合です。預金のうち５００万円を自然保護の基金に寄付します、というような場合です。事実婚や同性カップルの（籍を入れていない）パートナーに全部または大部分の財産を残す場合も、これにあたります（籍を入れていないパートナーへ遺贈する場合の遺言執行者についてはＰ68に書きました）。

３つ目は、財産全部を売却して、現金にして相続人に分けたいというような場合です。「自宅のマンションを売却して、住宅ローンやその他の債務を返済した上で妻に2分の1、長男と長女に4分の1ずつの現金を相続させる」というような遺言です。清算型の遺言といいます。清算型の遺言を作りたい場合には、専門家に相談して遺言執行者も依頼するのがよいと思います。

CASE 4

前の相続が終わっていない

前の相続をしないうちに次の相続が発生する場合が多々あります。時間が経つほど複雑になるので、次の代に繰り越さないようにしましょう。

「数次相続」はなぜ大変なのか？

あなたが、父と母、長男、二男、長女の5人家族の長男であるとします。

父は11年前に79歳で亡くなりました。母はことし86歳です。父の亡くなった後、相続の話し合いはしていません。みな忙しくしているうちに時間が過ぎていきました。実家にはそのまま母が住み、それほど財産もなく、不都合はありませんでした。

こういう家族は多くあります。

相続税の申告の必要がないと遺産分割がされない場合が多いのです。

そうしているうちに、母が亡くなりました。

あなたは、そろそろ定年を迎える頃で、遺言を書こうと思っています。

こういう話を聞くと、弁護士は「大変そうだな」と思います。父、母というように、2段階以上の相続が起きているものを「数次相続」といいます。数次相続は、複雑なのです。

11年前に亡くなった父の財産と最近亡くなった母の財産を、あなたと二男、長女の3人で分けることになります。

11年前に亡くなった父の財産ですが、亡くなって10年を超えると財産はわかりにくくなります。父の銀行口座は、父が亡くなった後もしばらく凍結されず母が使っていました。父からあなたへの贈与、母から二男への贈与もありました。父の面倒は母がみましたが、母の面倒は長女がみました。とても複雑になってくるのです。

万が一を考えて、後始末を頼めるようにしておく

このような場合、大切なのは、自身の父と母の相続をあなたの代で整理しておくことです。

あなたが遺言を書いても、父と母の相続が終わっていなければ、あなたの妻や子どもが、あなたの父と母の相続にかかわらなくてはいけなくなるのです。

あなたに妻と息子、娘がいたとします。自宅と預金を妻に残すこととします。面倒な父母の相続はあなたのところで整理しようと思いますが、進まない場合は、息子1人に残すようにすることも考えられます。父母の相続が解決しない間にあなたが亡くなったときは、息子に手続きを任せるのです。

この場合、息子が納得している必要があります。息子にとってメリットのない相続で、息子が相続放棄をしてしまうと、遺言に関係なく妻と娘が相続をすることになるので、妻と娘が手続きをしなくてはいけなくなるのです。

というのは、このケースでは、妻は自宅が必要なので、相続放棄ができないからです。

あなたは、遺言を作るときに、息子とよく話しておくべきです。父母の相続について、これから弁護士に依頼して整理しようと思うけれど、もし自分に万一のことがあったときは、整理を引き受けてほしいといっておくのです。

CASE 5

国際結婚、国際離婚

国際結婚をすれば、いずれ国をまたがって相続が発生します。それぞれ法律が異なるので、専門家に早めに相談をしておきましょう。

国が違えば法律も相続も異なる

国際結婚が増えています。

そうすると、国際離婚が増えます。

少し遅れて、国際相続が増えてきます。

たとえば、日本人の夫とアメリカ人の妻の夫婦がいます。子どもが２人います。

夫は、かつてニューヨークに勤務していました。そのときにアメリカ人の妻と知り合って結婚しました。その後、帰国し、いまは妻と東京で生活しています。子どもは、１人は日本、１人はアメリカで生活しています。

夫婦は、東京に共有名義のマンションを持っています。２人とも預金口座が日本の銀行とアメリカの銀行の両方にあります。妻は、アメリカに親から相続した不動産を持っています。

このようなケースでは法律関係がとても複雑になります。法律は国ごとに作られているからです。

はじめに、夫や妻の相続に、日本の法律が適用されるか、アメリカの法律が適用されるかを考えることになります。

日本では、相続については、原則として、「本国《ほんごく》法《ほう》」が適用されます。日本人の夫には、基本的に日本の法律（民法）が適用されます。

日本人である夫の遺言も、日本の民法に従って作ればよいことになっています。

しかし、夫はアメリカの銀行にも預金口座を持っています。銀行はニューヨークにあるので、アメリカ（ニューヨーク州）での相続の手続きが必要になります。

難しい国際相続は専門家にアドバイスをもらって

アメリカの相続では、「プロベイト」という日本にはない遺産を清算する手続きが必要になります。

アメリカでは、遺言の代わりに信託を利用することが多くなっているといわれます。プロベイトの手続きが大変なので、プロベイトを使わなくてよい方法として信託が発展したといわれています。日本にはプロベイトがないので、信託があまり使われません。

アメリカ国籍の妻の相続は、アメリカ（ニューヨーク州）の法律が適用されます。

アメリカ国籍の妻も、遺言を日本で作ることができますが、内容は、ニューヨーク州の法律に合わせて作らなくてはいけません。

国際相続は難しいのです。こういう場合、日本の専門家とアメリカの専門家の両方からアドバイスを受ける必要があります。

国際的な相続のことを「渉外相続」といいます。渉外相続の専門家に相談する必要があるのです。

アメリカの弁護士費用は高額なので、それも考えておく必要があります。

中国籍、フィリピン国籍の方も増えています。在日韓国人についても同じです。外国での手続きは、費用も時間も多くかかります。早いうちから、専門家のアドバイスを受けるべきです。

CASE 6

財産以外の遺言

財産に関することとお墓のこと以外の内容を入れるときは、専門家に相談すべきです。

祭祀承継以外は、あまり使われない

遺言でできることは民法が決めています。「法定遺言事項」といいます。ここに決められていること以外はできないのです。

民法が決めているのは、大部分、財産に関することです。

その他に、誰がお墓を引き継ぐかを決める祭祀承継があります。

法定遺言事項の中には、推定相続人の廃除のように、ほとんど使われないものもあります。使われないものについて知る必要はありません。

認知も法定遺言事項です。

認知は、籍を入れていない女性との間にできた子どもが自分の子であるということを認めて、法律上の親子関係を発生させる手続きです。

あなたが、太郎を認知すると、あなたと太郎は親子になるのです。親子になると、太郎はあなたの法定相続人になります。

認知は、ふつう認知届を市区町村役場に出すことですることができます。

それが遺言でもできるのです。

認知をすると、家族の間に複雑な関係が生じることになります。遺言で突然することはおすすめできません。早いうちに専門家に相談するのがよいと思います。

養子縁組は遺言ではできない

再婚した妻に連れ子がいた場合はどうでしょうか。この場合、自動的に自分の子にはなりません。養子縁組をすることで、法律上の親子になるのです。

養子縁組届を市区町村役場に出すのです。

認知と違い、養子縁組を遺言ですることはできません。養子縁組は、法定遺言事項に入っていないからです。

結婚が遺言でできないのと同じです。

「次郎と養子縁組する」

「寛子と結婚する」

このような遺言は無効なのです。

もっとも、法律上の親子関係、法律上の夫婦関係がなくても財産を残すことができることは、第3章に書きました。

連れ子の次郎に財産を残したいときは、

「次郎に自宅の土地建物を遺贈する」

という遺言にすればよいのです。

再婚した場合など、家族の関係が複雑な場合は、遺言を作ったほうがよいと書きました。財産の問題と心情の問題が重なり合って、争いが起きやすくなるからです。

親子の問題は、民法でも難しいところです。同様に心情的にも難しいところです。専門家に相談するのがよい場面のひとつだと思います。

CASE 7

予備的遺言

未来に何が起こるかは誰にもわかりません。書いた遺言が実情と異なる場合、無効になってしまうケースもあるのです。

遺言は、自分がいなくなった後に読まれる

遺言は未来への文書です。遺言に、
「自宅の土地建物を妻に相続させる」
と書いたとします。しかし、あなたは亡くなる5年前に自宅を売って、介護施設に移り、施設で亡くなることがありえます。亡くなるときに自宅がなければ、遺言を実現することができません。

こういう場合もあります。あなたは妻を先に亡くしていて、子どもが3人いるとします。長男、二男、三男です。

あなたは長男に自宅を残したいと考えます。
「自宅の土地建物を長男に相続させる」
という遺言を作ります。

しかし、遺言を作った後、長男があなたより先に急逝します。

遺言を書き換えないままあなたも亡くなります。あなたとしては、長男の子ども（あなたから見た孫）に自宅を引き継がせたいと考えていたかもしれませんが、自宅はあなたの孫に相続されることにはなりません。法定相続になります。

長男の子どもが3分の1、二男が3分の1、三

男が3分の1です。

以前は、このような遺言がある場合には、長男の子どもに自宅が相続されるという考え方もあったのですが、2011年に最高裁が、子どもへの遺言が、その子どもである孫に自動的に引き継がれることは原則としてない、という判決を出しました。最高裁は、あなたは「長男に自宅を残したかった」のだと考えたのです。長男が亡くなっていた場合に孫に残したいと考えていたかどうかまでは、遺言からははっきりわからないと考えたのです。

遺言は未来への文書ですが、読まれるのはあなたが亡くなった後です。あなたが本当はこういうつもりだったと説明することはできないのです。

予備的遺言よりも書き換えたほうが間違いはない

あなたは、長男が亡くなったときのために、「もし自分が亡くなるときに、長男が既に亡くなっていた場合は、自宅の土地建物を長男の子どもに相続させる」ということを書いておくことができます。これを「予備的遺言」といいます。

シンプル遺言では、予備的遺言を書くことをすすめないことにしました。遺言が複雑になって、書き間違えたり、意図と違う結果になったりすることがあると考えたからです。

自宅を売却したときや、子どもが亡くなったときは、遺言を書き換えるのがよいと思います。ただし、あなたが高齢で、判断力が衰えているなど、近いうちに遺言を作ることができなくなるかもしれないと思うときは、専門家に相談して、予備的な内容も備えた遺言を作るのがよいと思います。予備的遺言があなたの意図と合っているか、専門家によく確認してもらうのです。

CASE 8

老後に不安がある

認知症になっても、軽度であれば遺言書を残すことができます。しかし、しっかり判断できるうちに相談しておくほうがより安心です。

老後の生活を考えるとき相続についても相談を

人の名前が思い出せないと不安になります。体調が悪くなると、不安が増してきます。

遺言は亡くなった後のことを決めるものですが、その前に自分が認知症になったときの生活が不安になることがあると思います。

子どもは、あなたのことを心配して、何か準備をしたほうがよいのではないかといってきます。

老後の生活と財産管理については、子どもと専門家の両方に相談すべきといえます。

老後の生活についての法律の制度は、選択肢がたくさんあり、考える要素も多いからです。

自分で決めるのも手続きをするのも難しいと思います。

そして、老後の生活のことを相談する中で、相続についても相談するのがよいのです。

この場面では、2つのことが大切だと思います。

ひとつは、少しだけ早めに子どもや専門家に相談することです。わたしの感覚ですが、特に男性は人に相談するのが遅いように思います。

年齢を重ねるごとにあなたの希望を伝えること

が難しくなっていきます。体調が悪いと、専門家の説明を理解するのも難しくなります。だから、少しだけ早く相談するのがよいのです。

頼りたい子どもがいる場合には、率直にその子どもとも話しましょう。ただし、きょうだいがいる場合は、他の子どものことも忘れてはいけません。

信頼できる相談相手を見つけて

もうひとつは制度の選択についてです。

老後の生活や財産の管理についての相談をすると、成年後見、任意後見、民事信託といろいろな制度が示されます。

それぞれ特徴があるのですが、どれかが極端によくてどれかがダメだということはないのです。

任意後見と民事信託は、だいたいは同じようなことが実現できます。民事信託は自由度が高いといわれますが、まだ発展途上な面もあり、任意後見のほうが安定した制度だともいえます。

これらの制度については、専門家とよく話して説明を受けるのがよいと思います。そのためには、相性の合う専門家に頼むことがとても大切です。

老後の生活のことを専門家に相談する場合、自身の財産や家族との関係について、詳しく伝えることになります。そうすると、遺言についても相談しやすくなります。

老後の生活について信頼できる専門家に出会うことができた場合には、その専門家に遺言についても相談するのがよいのです。

あなたに資産がある程度ある場合は、弁護士と税理士の両方に相談するのがよいと思います。

CASE 9

ローンが多く残っている

亡くなったときの借金は、そのまま相続人全員に引き継がれます。家族に迷惑をかけないように、生前に対処すべきです。

遺言がなければ、借金も法定相続分で分けられる

ローン、借入れがある場合です。

ローンでは住宅ローンが身近ですが、金融機関からの住宅ローンで自宅を買う場合、普通、団体信用生命保険という保険に入ります。

あなたが返済中に亡くなった場合は、保険金で残りのローンが返済されます。遺族は残りの返済をしなくてよいことになります。ですので、住宅ローンの場合はあまり問題にはなりません。

問題になるのは、住宅ローン以外の借入れです。事業の資金の借入れ、親戚からの借入れなどです。借入れを法律では債務といいます。

債務がある場合の遺言は少し難しくなります。仕組みが今までのプラスの財産の場合と違うのです。

遺言がない場合は、債務は法定相続分によって分けられます。

あなたが、事業資金として親戚から2000万円借りていたとします。妻と長男、長女を残して亡くなった場合、2000万円の借入れは妻に1000万円、長男と長女に500万円ずつ引き継

がれます。法定相続分によって分けられるのです。債務は、話し合いなしで自動的に分かれます。ここが、プラスの財産との大きな違いです。

借金があるときの遺言は慎重に考えたい

この場合に、あなたが「全財産を妻に相続させる」という遺言を残して亡くなったとすると、債務の２０００万円も妻が全額負担することになります。

　全財産という書き方の場合は、プラスの財産も債務も同じ人に残されるのです。

「自宅の土地建物を妻に。実家を長男に。預金のうち５００万円を長女に。その他の全部を妻に」という何回か出てきた遺言の場合も、債務の２０００万円は妻が全額負担することになります。

　借入れがある場合は少し慎重になるべきなのです。

　あなたにプラスの財産もある場合には、遺言で借入れとセットで残したいことがあるでしょう。その場合は、２つの方法があります。

　ひとつは、「負担付き相続させる遺言」「負担付き遺贈」です（Ｐ93参照）。

「自宅を長男に相続させる代わりに、長男は、事業資金ローンの残金２０００万円を返済すること」のように書くのです。

　もうひとつは、先ほど出てきた「全財産を長男に相続させる」のパターンです。

　ただし、借入れが多い場合は、相続放棄という制度のことも考えなくてはいけません。

　住宅ローン以外の借入れがある場合には、借入れ自体への対処も含めて専門家に相談すべき場合です。

あとがき

この本を作るときに気をつけたことがいくつかあります。

ひとつは、民法の遺言の仕組みを紹介するだけでなく、実際に書くことができるようになることを目標にしたことです。遺言に関する記事の多くが制度の紹介に重点が置かれているように思ったからです。そのため、実際に使わない制度の説明は思い切って削りました。

もうひとつは、この種の本でよく使われる「争続」という言葉をなるべく使わないようにしたことです。

遺言について考えることは、「争続」を避けるために遺言を書きましょうという単純な話ではないと思ったからです。

わたしは、弁護士になってからたくさんの相続事件を扱ってきました。

遺言があると紛争を避けられる面があるのは確かです。しかし、遺言があっても紛争になることも多いのです。それは専門家の作った公正証書遺言であっても変わりません。

遺言がある場合の裁判・審判・調停としては、遺留分の事件が多いのですが、それ以外にも、遺言無効確認の訴訟、遺言執行者解任の審判、負担付き遺贈取消しの審判などいろいろな事件の裁判を見てきました。

相続法改正で遺留分はお金で解決することになったので、遺留分の争いは少し簡単になると思います。しかし、それでも争いは残るように思います。

遺言が極端にバランスを欠いた内容であれば、納得できない人が出てきます。分け方が決まっていても、納得できない思いが強ければ何らかの形で紛争になることが多いのです。

遺言があるかどうかは、家族関係の中のたくさんある要素のひとつに過ぎないのではないかと思います。

相続の事件のクライアントと話していると、もともと兄弟姉妹間や親子間の関係がよくなかったという場合もあるのですが、それほど関係が悪かったわけではないというのもよく聞く話です。

遺言以外にも、家族の関係については考えるべきポイントがあるように思っています。

この本を作るに際して、元裁判官の松原正明先生と精神科医の名越康文先生に対談をお願いしました。

シンプルな本にしたいと思いましたが、２人の先生のおかげで奥行きのあるものになったと思います。

また、講談社の原井牧子さんと株式会社スリーシーズンの伊藤佐知子さんにも感謝申し上げます。

２０２０年６月

弁護士　竹内　亮

竹内　亮（たけうち・りょう）
１９７３年、茨城県日立市生まれ。弁護士。１９９７年、東京大学文学部卒業。同年、朝日新聞社に校閲記者として入社。２００４年、７年間勤務した朝日新聞社を退職し、新設された東京大学法科大学院に第１期生として入学。２００８年、弁護士登録。現在、税務で有名な鳥飼総合法律事務所パートナー。相続法（遺産分割・遺留分・遺言）、労働法、訴訟、ＩＴ・情報法（インターネット・ＡＩ・個人情報）、一般企業法務、会社法・商取引法、知的財産法（著作権法・商標法）、倒産法、租税法などを扱う。特に相続ではクライアントから多くの相談を受ける。日本弁護士連合会家事法制委員会委員。第二東京弁護士会家事法制に関する委員会委員・副委員長。弁護士活動の傍ら、大東文化大学法学部（文章表現法）、聖心女子大学現代教養学部（関係行政論）で非常勤講師も務める。

The New Fifties

自分《じぶん》で書《か》く「シンプル遺言《ゆいごん》」
簡単《かんたん》なのに、効力抜群《こうりょくばつぐん》！

二〇二〇年　七　月　七　日　第一刷発行
二〇二三年　八　月　三　日　第四刷発行

著　者　竹内《たけうち》　亮《りょう》
発行者　髙橋明男
発行所　株式会社講談社
郵便番号　一一二－八〇〇一
東京都文京区音羽二－一二－二一
電話　編集　〇三－五三九五－三五六〇
販売　〇三－五三九五－四四一五
業務　〇三－五三九五－三六一五

KODANSHA

印刷所　株式会社新藤慶昌堂
製本所　株式会社若林製本工場

落丁本・乱丁本は購入書店名を明記のうえ、小社業務あてにお送りください。送料小社負担にてお取り替えいたします。なお、この本についてのお問い合わせは、第一事業局学芸部からだとこころ編集あてにお願いいたします。

N.D.C.324.77　127p　21cm

定価はカバーに表示してあります。

ISBN978-4-06-519963-3